LES INVESTISSEMENTS IMMOBILIERS

Version Avril 2019

W0224582

Co-auteurs
Jean DEREIX & Stéphane KISLIG
www.dkfc.fr

FORMATEURS / CONSULTANTS / WEB SCHOOL / MOOC
« Organisme de Formation & Référencé DATADOCK »

« COLLECTION DKFC AMAZON »

LA TRANSMISSION DU PATRIMOINE & SUCCESSION
Version Mars 2019 Co-auteurs : Jean DEREIX & Stéphane KISLIG
« Un ouvrage écrit par des professionnels à destination de tous »

SOMMAIRE

Schéma de l'IR

Traitements Salaires	Pensions et Retraites	Bénéfices Indust.-Com	Bénéfices Non Commer.	Bénéfices Agricoles	Revenus Fonciers	Rentes viagères	Revenus de Capitaux Mob.	Plus Values Mob.	Plus Values Immo.
TS	**PR**	**BIC**	**BNC**	**BA**	**RF**	**RV**	**RCM**	**PVM**	**PVI**

RCM / PVM : PFU : 12,8 % IR – 17,2 % PS

OU Option IR/TMI

PVI : Impôt Fixe 19 %

= REVENU BRUT GLOBAL

MOINS :

CHARGES DÉDUCTIBLES :

. Déficits fonciers.
. Prestations compensatoires.
. Pensions alimentaires.
. PERP – PERCO.
. CSG : 6,8 % des revenus entrant dans le RBG.
. Déficits professionnels (BIC – BNC – BA).
. Frais d'accueil des personnes âgées de + de 75 ans.
. Déficits globaux des années antérieures.

Égal =

= REVENU NET GLOBAL

MOINS :

. Rattachement enfants mariés
. Personnes âgées de + de 65 ans

Égal =

= REVENU NET GLOBAL IMPOSABLE (RNGI)

. Nombre de parts.
. Barème de l'impôt.
. Quotient familial : RNGI / nb de parts = revenu pour une part.
. Plafonnement du quotient familial. – **Décote si impôt brut** < à 1.595/ 2.627 €.

= DROITS SIMPLES ou IMPÔT BRUT

RÉDUCTIONS D'IMPÔT et CRÉDIT D'IMPÔT

. Dons et subventions. - . Cotisations syndicales. RI
. Frais de dépendance des personnes âgées. RI
. Garde d'un enfant de moins de 6 ans. CI
. Emploi d'un salarié à domicile. CI.
. Frais de scolarisation d'enfant à charge. RI
. Crédit d'impôt pour l'habitation principale. CI
. Souscription au capital d'une PME. RI
. RI PINEL – Denormandie - Duflot – Scellier.
. RI LMNP Censi-Bouvard.
. Prestations Compensatoires. RI
. CITÉ. CI
. RI Malraux.
. Contrat de rente-survie et d'épargne handicap. RI
. Investissement locatif en ZRR. – Secteur Forestier.
. Investissement dans les DOM – TOM. – SOFICA. RI
. Emprunt contracté pour la reprise d'une PME. RI
. Parts de FCPI et ou de FIP. – Mécénat d'entreprises.

IMPÔT NET plus : PRÉLÈVEMENTS SOCIAUX

= IMPÔT EXIGIBLE

LA CONTRIBUTION SOCIALE GÉNÉRALISÉE (CSG) :

La **CSG**, d'un total de **9,2 %**, n'est **déductible** partiellement qu'à hauteur de **6,8 %**, sur les revenus du patrimoine, à compter de 2019 (contre 5,1 % auparavant).

Cette **déduction partielle ne peut ni créer un déficit reportable** sur le revenu net global imposable, **ni donner lieu à remboursement.**

La CSG n'est déductible à hauteur de 6,8 % que sur les revenus du patrimoine soumis à l'impôt sur le revenu selon le barème progressif et concerne donc :

- Les revenus fonciers.
- Les rentes viagères à titre onéreux.
- Les revenus de capitaux mobiliers (y compris l'assurance-vie) entrant dans le RBG, donc non soumis au prélèvement forfaitaire unique (PFU).
- Les plus-values sur valeurs mobilières, à partir de 2013, non soumises au PFU.
- Les dividendes avant le taux de réfaction de 40 %.(Sauf si PFU).
- Les revenus des locations en meublées non professionnelles.
- Les intérêts inscrits en compte sur les Plans d'Épargne Logement (PEL) de plus de 12 ans, à compter du 1er janvier 2006 et pour tous les PEL et CEL ouverts à compter du 01/01/2018. (Sauf si PFU)
- Les avantages résultant de stock-options ou d'actions gratuites acquises dans le cadre des plans qualifiés attribués à compter du 28 Septembre 2012.

La fraction de CSG déductible à hauteur de 6,8 % est indiquée dans l'avertissement fiscal de l'année.

N'est donc pas déductible la CSG à hauteur de 6,8 % **afférente aux revenus du patrimoine ayant subi le PFU**, ou soumis au PFL (Assurance-vie) ou à l'impôt sur le revenu selon un taux fixe (plus-values immobilières), c'est à dire à des **revenus n'entrant pas dans** la détermination du calcul du revenu brut global imposable (**RBG**).

- Si le montant total des prélèvements sociaux de l'année est inférieur à **61 €**, ils ne sont pas mis en recouvrement.
- Aussi, la fraction de CSG à hauteur de 6,8% n'est pas déductible.

Pour rappel à partir de 2019 :

- CSG : 9,2 %.
- CSG Déductible : 6,8 %
- CRDS : 0,5 %.
- Prélèvement unique de solidarité : 7,5 %

Total Prélèvements Sociaux : 17,2 %.

BARÈME DE L'IMPÔT SUR LES REVENUS DE 2018

Revalorisation du barème progressif pour 2018 de 1,60 %.
Suppression de la première tranche d'imposition, à 5,5 % depuis les revenus de 2014.

BARÈME DE L'IMPÔT SUR LES REVENUS DE 2018	
QUOTIENT FAMILIAL = REVENU POUR UNE PART	**IMPÔT BRUT :**
Jusqu'à 9.964 €	**0 €**
De 9.965 € à 27.519 €	**(RNGI x 14 %) - (1.395 € x N)**
De 27.520 € à 73.779 €	**(RNGI x 30 %) - (5.798 € x N)**
De 73.780 € à 156.244 €	**(RNGI x 41 %) - (13.914 € x N)**
Supérieur à 156.244 €	**(RNGI x 45 %) - (19.163 € x N)**

DÉCOTE :

Droit à la décote si **l'IR est < à 1.595 €** pour une personne seule **ou 2.627 €** pour un couple marié ou pacsé.

Pour les revenus de 2018, diminution de l'impôt par la différence entre :

- **1.196 €** et les **3/4** de l'IR pour les personnes seules (Célibataires - Veufs - Divorcés)
- **1.970 €** et les **3/4 de cet impôt brut** pour les couples mariés ou pacsés.

Exemples :

- Impôt sur les revenus de 2018 pour une **personne seule** : 1.000 €.
  - Décote : 1.196 € - (1.000 € x 3/4) = 446 €. (Ou : 0,75 x 1.000 € - 1.196 €).
  - Impôt après décote : 1.000 € - 446 € = 554 €.

- Impôt sur les revenus de 2018 pour un **couple avec 3 enfants** : 2.000 €.
  - Décote : 1.970 € - (2.000 € x 3/4) = 470 €. (Ou : 0,75 x 2.000 € - 1.970 €).
  - Impôt après décote : 2.000 € - 470 € = 1.530 €.

Limite d'application de la décote pour les revenus de 2018 :

- Impôt brut < à 1.595 € pour une personne seule - Et Impôt brut < à 2.627 € pour les couples et PACS.

Revenus nets imposables maximums ouvrant droit à la décote sur les revenus 2018 : 1 part : 21.353 € - 2 p : 38.688 € - 2,5 p : 43.670 € - 3 p : 48.652 € - 3,5 p : 53.634 € - 4 p : 58.616 € - 4,5 p : 63.598 € - 5 p : 68.580 €. **Pour un couple marié/Pacsé.**

NON RECOUVREMENT :

- **Tout impôt < à 61 €,** (ou 75 € après la décote et de la réduction d'impôt sous conditions de ressources) avant imputation des crédits d'impôt, **est non recouvrable.**

NON IMPOSITION POUR LES REVENUS DE 2018 :

Seuils de revenus non recouvrables de l'IR en tenant compte de la décote, de la réfaction et de l'IR < à 61 € :

Nb de Parts	Personnes seules		Couples mariés ou Pacsés	
	2017	2018	2017	2018
1 p	14.610 €	14.846 €	-	-
1,5 p	19.514 €	19.828 €	-	-
2 p	24.417 €	24.810 €	27.531 €	27.974 €
2,5 p	29.931 €	29.792 €	32.435 €	32.956 €
3 p	34.224 €	34.774 €	37.338 €	37.938 €
3,5 p	39.128 €	39.756 €	42.242 €	42.920 €
4 p	44.031 €	44.738 €	47.145 €	47.902 €
4,5 p	48.935 €	49.720 €	52.049 €	52.884 €
5 p	53.838 €	54.702 €	56.952 €	57.866 €

Pour les DOM :

- Abattement de **30 %** sur le montant de l'impôt sur le revenu et sur l'impôt à taux fixe (40 % pour la Guyane et Mayotte), pour les personnes résidant en :
  - Guadeloupe. - Martinique. - La Réunion : Dans la **limite de 2.450 €.**
  - Guyane et Mayotte : Dans la **limite de 4.050 €.**
  - La réfaction est maintenue lorsque ces revenus font l'objet d'une imposition à l'IR, sur option, pour les RCM perçus et les plus-values réalisées dans la même année.
- Sont **exonérés d'IR** :
  - Le revenu supplémentaire temporaire d'activité (RSTA) ou du RSA, versé aux travailleurs modestes des départements d'Outre-mer (Guadeloupe – Guyane – Martinique et la Réunion).
  - Les contributions versées à titre temporaire par les collectivités territoriales au titre de l'accord régional interprofessionnel sur les salaires en Guadeloupe et de l'accord régional interprofessionnel sur les rémunérations des salariés du secteur privé de la Martinique.
- **Pour les plus-values :**

Professionnelles à long terme : 9 % en Guyane et 11 % dans les autres DOM.

LE PRÉLÈVEMENT Á LA SOURCE

À compter de Janvier 2019, l'IR sera déduit chaque mois du salaire ou de la pension de retraite.
Une déclaration de revenus 2042 restera obligatoire chaque année.

Modalités :

- Le prélèvement à la source consiste à déduire l'impôt avant le versement du revenu : le montant de l'impôt est prélevé chaque mois sur le bulletin de paie.
- Le paiement est étalé sur douze mois et le décalage d'un an supprimé.
- Le contribuable continue à déclarer chaque année ses revenus de l'année précédente à l'administration fiscale.
- Le calcul du taux de prélèvement s'appuie sur les données renseignées dans la 2042 : Salaires – Pensions et retraites – revenus des professionnels et revenus exceptionnels, personnes à charge, etc.
- La perception des revenus et le paiement de l'impôt coïncideront, mais, pas le taux de prélèvement, qui sera réactualisé une fois la 2042 effectuée.
- Ce taux de prélèvement figurera sur l'avis d'imposition adressé chaque année entre Août et Septembre.
- Au 1er Janvier de l'année suivante, ce taux sera appliqué aux rémunérations et sera mentionné sur le bulletin de paie.
- Le taux de prélèvement sera actualisé chaque année en Septembre en fonction de la déclaration des revenus effectuée en Mai.

CALENDRIER POUR 2018 ET 2019	
2018	Paiement des impôts dus au titre des revenus de 2017
Mai 2018	Déclaration des revenus de 2017 avec la 2042
Septembre 2018	Calcul du taux de prélèvement sur les revenus de 2017 indiqué sur l'avertissement fiscal.- Option taux neutre possible.
Octobre 2018	Transmission du taux de prélèvement aux différents collecteurs (Employeurs – Caisses de retraite – Etc.).
Janvier 2019	Début des prélèvements mensuels sur les revenus de 2019.
Mai 2019	Déclaration des revenus de 2018 avec la 2042
Septembre 2019	Actualisation du taux de prélèvement avec les revenus de 2018.

CHOIX ENTRE 3 TAUX

Le taux personnalisé (Par défaut) :

- C'est la solution **par défaut**.
- Le fisc le calculera directement en faisant le rapport entre l'IR dû au titre de 2017 et le revenu du foyer pour cette même année.
- Un couple avec un enfant ayant 5.000 € de salaires nets par mois sera prélevé à un taux d'environ 7%. (6,79 %).
- Il a un inconvénient, car il s'applique à chacun des deux membres d'un couple imposé en commun, même en cas de fortes disparités de revenus au sein du foyer.

Le taux individualisé :

- Pour éviter les déséquilibres, les couples auront la possibilité de choisir des taux individualisés.
- Le Fisc calculera un taux pour chacun en fonction de ses revenus, et au final, ces taux individualisés permettront de prélever le même montant d'IR qu'avec le taux unique.
- Madame gagne 4.000 € nets/mois et Monsieur 2.000 € nets.
- Avec un taux unique, ils sont imposés à 10,89 %, soit 436 € de prélèvement pour Madame et 218 € Monsieur.
- Avec des taux individualisés, Madame sera prélevée à hauteur de 12,95%, soit 518 €, et Monsieur à hauteur de 6,79%, soit 136 €.
- Mais, quelle que soit la solution choisie, le foyer paiera 654 €/mois, avec juste des ventilations différentes.

Le taux neutre ou non personnalisé :

- Ce taux neutre intéressera les personnes ayant d'importants revenus annexes ne souhaitant pas que leur employeur connaisse leur taux d'imposition élevé.
- Le taux dépendra uniquement de la rémunération perçue (grille du taux neutre).
- Un célibataire ayant 2.000 € de salaire net et 1.500 € de revenus fonciers/mois sera prélevé au taux de 14,5 % et paiera un IR de 290 €/mois pour son salaire et aura un prélèvement de 217/ €/mois pour ses revenus fonciers, soit 507 €/mois d'IR.
- En choisissant le **taux neutre**, le prélèvement pour son salaire sera de 7,5 %, soit 150 €/mois.
- Sur son compte 2 prélèvements : 217 €/mois pour ses revenus fonciers et un complément d'IR de 140 €/mois, afin d'arriver aux 507 €/mois dus.
- Ce taux neutre est nul jusqu'à 1.404 € de salaire net (seuil d'imposition) et s'applique d'office si le Fisc n'est pas en mesure de communiquer un taux à l'employeur, par exemple lors d'une entrée dans la vie active.

Un abattement s'applique aux contrats de travail court :

- Afin d'éviter une sur-imposition au contribuable en CDD ne dépassant pas 2 mois et ne disposant pas de revenus réguliers sur la totalité de l'année, un **abattement** spécifique s'impute sur le montant net imposable de **624 €** en 2019, **dans la limite des 2 premiers mois** d'embauche. Les grilles s'appliquent aux versements effectués au titre ou au cours d'un mois après un abattement égal à 50 % du SMIC net imposable.
- Le salaire minimum s'élevant à 1.247,55 € en Janvier 2019, le montant retenu pour l'abattement applicable aux contrats courts, est égal à 624 € (1.247,55 €/2).
- Pour un CDD de 2 semaines dont le montant imposable est de 2.000 €, l'assiette du PAS sera de 1.376 € = (2.000 € - 624 €). C'est sur cette somme que le taux neutre est appliqué.

2018 : Année « blanche » :

- En 2018, paiement de l'impôt sur les revenus de 2017, et en 2019 sur ceux de 2019.
- Pour éviter que les contribuables ne paient en 2019, à la fois, le prélèvement à la source sur les revenus de 2019 et l'impôt sur ceux de 2018, l'impôt dû sur les revenus soumis au prélèvement, hors revenus exceptionnels perçus en 2018, sera annulé grâce à un crédit d'impôt de modernisation du recouvrement (**CIMR**).
- En revanche, les revenus exceptionnels perçus en 2018 (plus-values) seront normalement imposés en 2019 (à taux moyen) et modifieront le taux de prélèvement.
- Les réductions et crédits d'impôt au titre de l'année 2018 resteront acquis et seront versés au contribuable en 2019.

Mise en place d'un dispositif anti-optimisation fiscale pour les PERP en 2018 :

- Les sommes versées sur les **PERP en 2018** ne seront **pas déductibles** du R.B.G.
- La mesure votée le 05/12/2017 précise que si le montant des versements effectués en 2018 sur les PERP est inférieur au montant des versements effectués en 2017 et également inférieur aux versements effectués en 2019, alors le montant des **sommes déductibles en 2019 sera égal à la moyenne des versements de 2018 et 2019.**
- Par conséquent, les épargnants qui ont suspendu ou diminué leurs versements en 2018 seront pénalisés.

Revenus concernés :

- Le prélèvement à la source s'appliquera aux salaires, aux retraites, aux allocations chômage, aux indemnités journalières de maladie et aux Pensions d'invalidité.
- L'impôt sur les revenus fonciers, les pensions alimentaires perçues, certains revenus de source étrangère et les revenus des professionnels (BIC, BNC, et BA) sera payé sous forme **d'acomptes** mensuels ou trimestriels, prélevés par le fisc sur le compte bancaire du contribuable, sur les derniers revenus catégoriels connus.
- Les revenus exceptionnels et les plus-values sur valeurs mobilières resteront imposés l'année suivant celle de leur perception. Les revenus de placements mobiliers, supportant déjà un acompte et ne sont pas concernés.

Sort des crédits et réductions d'impôt :

- Le taux du prélèvement ne tient pas compte des réductions et crédits d'impôt.
- Le fisc remboursera en Septembre de l'année suivante le trop payé, sauf si le contribuable n'a pas payé d'impôt les 2 années précédentes (2017 et 2018), dont l'une, au moins, du fait d'une réduction ou d'un crédit d'impôt et si ses revenus de 2018 restent inférieurs à 25.000 € par part de quotient familial.
- Certains, vont payer plus, les 9 premiers mois de l'année, impliquant des difficultés de trésorerie en 2019 si leurs salaires sont amputés d'un prélèvement mensuel supérieur à leur impôt mensualisé (ou aux deux premiers tiers) de 2018, d'où le CI de 60 %...
- Ce qui sera le cas des personnes employant un salarié à domicile, ou ayant réalisé un investissement locatif avant 2019, avec une réduction d'impôt sur plusieurs années.

Le taux du prélèvement :

- Le taux de prélèvement est la seule information transmise à l'employeur par l'administration fiscale, qui reste l'interlocuteur unique du salarié.
- Á défaut, les membres du couple sont imposés au même taux.
- Le taux calculé par l'État représente le poids moyen de l'impôt payé par le foyer fiscal, les années précédentes et tient compte de tous les revenus imposables du foyer fiscal (y compris ceux en dehors du champ du prélèvement à la source et de l'acompte), des charges déductibles (frais professionnels, pensions alimentaires versées…) et de la situation familiale (célibataire ou couple, personnes à charge).
- Mais, il ne tient pas compte des crédits et réductions d'impôt dont le foyer a bénéficié les années précédentes.
- Possibilité d'opter pour un **taux personnalisé** correspondant aux revenus individuels, mais le montant total de l'IR versé par le couple reste inchangé.
- Le système du **taux neutre** assure une confidentialité des données et sera également appliqué si le fisc ne peut calculer de taux de prélèvement, comme par exemple pour un salarié en début d'activité.
- En cas de changement de situation, le contribuable peut demander une mise à jour de son taux de prélèvement.

Détermination du taux neutre pour les Revenus de 2018 : (PAS pour 2019) :

REVENUS MENSUELS	TAUX DU PRÉLÈVEMENT
≤ à 1.404 €	0 %
De 1.404 € à < à 1.457 €	0,5 %
De 1.457 € à < à 1.551 €	1,5 %
De 1.551 € à < à 1.656 €	2,5 %
De 1.656 € à < à 1.769 €	3,5 %
De 1.769 € à < à 1.864 €	4,5 %
De 1.864 € à < à 1.988 €	6 %
De 1.988 € à < à 2.578 €	7,5 %
De 2.578 € à < à 2.797 €	9 %
De 2.797 € à < à 3.067 €	10,5 %
De 3.067 € à < à 3.452 €	12 %
De 3.452 € à < à 4.029 €	14 %
De 4.029 € à < à 4.830 €	16 %
De 4.830 € à < à 6.043 €	18 %
De 6.043 € à < à 7.780 €	20 %
De 7.780 € à < à 10.652 €	24 %
De 10.652 € à < à 14.795 €	28 %
De 14.795 € à < à 22.620 €	33 %
De 22.620 € à < à 47.717 €	38 %
Supérieur à 47.717 €	43 %

Solde d'impôt à payer :

- Lors de la 2042, le fisc calcule l'impôt dû sur la totalité des revenus.
- Si, après déduction du prélèvement à la source, des acomptes payés et des crédits et réductions d'impôt, il reste un solde à payer, il sera prélevé sur le compte.
- Au-delà de 300 €, il sera étalé en prélèvements mensuels d'égal montant, le dernier prélèvement intervenant, au plus tard, en Décembre.
- À l'inverse, l'État remboursera le trop versé en une seule fois, fin Août ou début Septembre de l'année N+1.

Procédure en cas de baisse des revenus :

- Le montant du prélèvement s'ajustera si les revenus évoluent.
- Lorsque les revenus hors du champ du prélèvement varient, ou si la situation familiale change, ce sera au contribuable demander à augmenter ou diminuer le taux.
- La baisse du prélèvement ne sera possible que si elle permet de le réduire de plus de 10 % et de plus de 200 € par rapport au montant dû sans le changement.
- En cas d'erreur dans les estimations, le contribuable aura une pénalité de 10 % des sommes non payées allant jusqu'à 30 % en cas d'erreur importante.

Confidentialité des revenus :

- Si le contribuable ne souhaite pas que son employeur puisse, grâce à son taux de prélèvement, connaître ses autres revenus ou ceux de son conjoint il pourra opter pour le taux neutre, dit de **confidentialité,** ou opter pour un taux **individualisé.**
- Le taux neutre (calculé sur la base d'un célibataire sans enfant n'ayant que son salaire) sera rarement avantageux pour les couples avec enfants.
- Les couples auront intérêt à opter pour un taux **individualisé**, calculé d'après les revenus de chacun, qui tiendra compte du nombre de parts et des charges.
- Le salaire net du conjoint ou pacsé ayant un plus faible salaire sera moins amputé.

Mesures anti-abus vis-à-vis des revenus de 2018 :

- Des mesures anti-abus sont mises en place pour éviter que les contribuables ne gonflent leurs revenus de 2018 sur lesquels l'impôt dû en 2019 serait annulé.
- Les revenus exceptionnels de 2018 n'échapperont pas à l'impôt : ils seront déclarés en 2019 et l'IR correspondant (calculé sur un taux moyen) sera payé en Septembre 2019
- Le Fisc pourra demander de justifier les revenus bénéficiant du CIMR et aura **4 ans**, au lieu de 3, pour contrôler l'impôt des revenus de 2018, jusqu'au 31.12.2022.
- Certains **revenus** seront considérés comme **exceptionnels en 2018 :**
    - Indemnités de rupture de contrat de travail - Prestations retraite servies en capital - Indemnités départ retraite - Revenus dont l'échéance correspond à une ou plusieurs années antérieures ou postérieures - Participation ou intéressement non affectés à un plan d'épargne entreprise (PERCO - PEE) - Monétisation compte épargne temps - Indemnités en dédommagement d'un chgt de résidence principale

Le prélèvement à la source du coté des entreprises :

Rôle de collecteur :

- À compter de Janvier 2019, les employeurs collectent et reversent au fisc l'impôt sur le revenu dû par les salariés, en appliquant un taux aux revenus perçus.
- L'employeur n'est pas l'interlocuteur des salariés pour des questions fiscales. Seul le fisc qui reste l'interlocuteur unique des salariés.
- Le fisc fournira à l'entreprise le taux à appliquer pour chaque salarié (soit le taux de droit commun à partir des revenus, soit un taux neutre sur option du salarié).
- Le taux appliqué pour 2019 a été envoyé au cours du second semestre 2018.
- Soumis au secret professionnel : sa divulgation sera passible de sanctions pénales.
- Les montants retenus seront reversés au fisc via la DSN, (Déclaration Sociale Nominative), obligatoire pour toutes les entreprises.
- Le prélèvement est reversé le mois suivant duquel le prélèvement a eu lieu ou le mois du prélèvement si le salaire est versé postérieurement à la période mensuelle.

Responsabilité de l'entreprise :

- Les manquements de l'employeur n'ayant pas reversé dans les délais au fisc les prélèvements effectués pourront être sanctionnés par une majoration de 5 %.
- En cas d'insuffisance de retenue à la source, voire de défaut de déclaration, l'employeur pourra être tenu de verser une amende dont le montant est fixé à : 5 % des retenues qui auraient dû être effectuées ou déclarées, en cas d'omissions ou d'inexactitudes.
- 10 % des retenues qui auraient dû être effectuées ou déclarées, en cas de non-dépôt de la déclaration dans les délais prescrits.
- 40 % des retenues qui auraient dû être effectuées ou déclarées, en cas de non-dépôt de la déclaration dans les 30 jours suivant une mise en demeure ou en cas d'inexactitudes ou d'omissions délibérées.
- 80 % des retenues qui ont été effectuées mais délibérément non déclarées et non versées au fisc. Cette amende ne pourra pas être inférieure à 500 € par déclaration.
- Et, en cas de non versement au fisc, l'employeur risquera des sanctions pénales.

Le prélèvement à la source facilité pour les petites entreprises :

- Les entreprises de moins de 20 salariés peuvent recourir au système « Titre emploi service entreprise » (**TESE**) pour opérer le prélèvement à la source de l'IR de leurs employés, comme pour les cotisations sociales.
- L'Urssaf peut prendre en charge la déclaration et le reversement du prélèvement à la source, gratuitement à la place des entreprises.

Les entreprises peuvent faire un rescrit pour renseigner leurs salariés sur le caractère exceptionnel ou non d'un revenu versé en 2018 :

- Les employeurs qui souhaitent informer leurs salariés sur le caractère exceptionnel ou non d'un revenu versé en 2018 peuvent utiliser une **procédure de rescrit**.
- Les revenus perçus en 2018 et considérés comme exceptionnels seront hors champ du CIMR, de sorte que le contribuable restera redevable de l'impôt correspondant.
- Dans la 2042 de 2019, des revenus perçus ou réalisés en 2018, les contribuables doivent mentionner les revenus ouvrant droit au CIMR et ceux n'y ouvrant pas droit.

Procédure de rescrit facultative :

- En cas de doute sur le traitement fiscal applicable à un revenu versé en 2018 (caractère exceptionnel ou non au regard du CIMR), chaque contribuable peut interroger l'administration fiscale et demander un rescrit.
- Le fisc précise que **l'employeur n'a pas à qualifier les revenus versés en 2018** à ses salariés au regard de leur éligibilité au CIMR, **pour autant, il peut souhaiter leur donner des indications**, en utilisant la **procédure spécifique de rescrit**.

Présentation et objet de la demande :

- La demande de rescrit doit être présentée par l'employeur, pour les rémunérations versées à un ou plusieurs de ses salariés et porte uniquement sur **l'**éligibilité ou non au CIMR des éléments de rémunérations versées par l'employeur en 2018.

Contenu de la demande :

L'employeur doit préciser un certain nombre d'éléments :

- Nom et adresse de l'employeur ainsi que nom, adresse postale et qualité du ou des salariés bénéficiaires des éléments de rémunération faisant l'objet de la demande.
- Motifs pour lesquels les éléments de rémunération doivent être qualifiés de revenus exceptionnels ou non exceptionnels.
- Le cas échéant, si des éléments de rémunération de même nature ont été versés au cours des années précédentes ou ont vocation à être versés les années suivantes.

Modalités de dépôt de la demande :

- La demande doit être adressée par LRAR ou dépôt à l'accueil du fisc avec récépissé, à la direction régionale ou départementale des finances publiques (DR/DDFiP) dont relève le service des impôts des entreprises de l'employeur.
- Les entreprises relevant de la DGE ou de la direction des impôts des non-résidents (DINR) adressent leur demande de rescrit à cette direction.

Réponse de l'administration :

- Le Fisc se prononce dans un **délai de 3 mois** à compter de la date de réception.
- **L'absence de réponse** au terme du délai de 3 mois vaut **acceptation tacite**.
- Dès réception de la réponse, l'employeur doit **informer les salariés bénéficiaires**.
- La **réponse positive de l'administration** vaut prise de position formelle sur **l'éligibilité des revenus ayant fait l'objet de la demande au CIMR. L'administration est donc engagée** par sa réponse.
- La réponse ne vaut **que pour les salariés mentionnés dans la demande de rescrit**.

Pour les dirigeants de sociétés :

Les revenus exceptionnels perçus en 2018 n'échapperont pas à l'impôt :

- Notamment les dividendes, les plus-values sur valeurs mobilières (cessions de parts) et immobilières, etc. ne seront pas concernés et resteront imposés en 2019.
- L'effet d'aubaine n'a, à priori, donc pas lieu.

Si les revenus perçus en 2018, supérieurs à la moyenne des revenus perçus les trois années précédentes (2015 à 2017), seront imposés également en 2019 :

- Aucun problème si le dirigeant perçoit des revenus constants chaque année.
- Le bénéfice constant, non exceptionnel, correspond au montant le plus faible entre :
  - Le bénéfice de 2018.
  - Le bénéfice le plus élevé au titre des années 2015 – 2016 et 2017.
- Si en 2018, le bénéfice est plus élevé que la moyenne, le différentiel sera considéré comme exceptionnel, mais si celui de 2019 est encore plus élevé, signe d'une croissance régulière, il y aura une régularisation du CIMR par un complément de crédit d'impôt, versé en 2020.
- Il en est de même pour la rémunération des dirigeants de société.
- Le créateur d'entreprise qui s'est rémunéré pour la première fois en 2018, après plusieurs années de faibles revenus, devra payer des impôts sur la fraction des revenus 2018 qui excèdent la moyenne des revenus perçus entre 2015 et 2017.
- Soit un système très pénalisant pour les jeunes chefs d'entreprise.

Prélèvement à la Source pour les gérants majoritaires de SARL/IS :

- Les gérants majoritaires de SARL et les associés uniques, personnes physiques d'EURL s'acquittent du PAS par 12 **acomptes mensuels ou 4 trimestriels**.
- Il peut opter pour des versements trimestriels (15 février, 15 mai, 15 août et 15 novembre de chaque année). Cette option doit être exercée avant le 01/10/N-1.
- Pour les revenus perçus ou réalisés à compter du 1er janvier 2019, les traitements, remboursements forfaitaires de frais et toutes autres rémunérations (y compris les indemnités journalières) versés aux gérants donnent lieu au paiement d'un acompte.
- L'acompte à verser en 2019 est établi sur la base du dernier bénéfice ou revenu connu par l'administration fiscale, soit en règle générale :
  - Celui réalisé en année N-2 (p.ex. en 2017) et déclaré en mai de l'année N-1 (p.ex. en 2018) pour les versements entre janvier et août de l'année N (2018).
  - Celui réalisé en année N-1 (p.ex. en 2018) et déclaré en mai de l'année N (p.ex. en 2019) pour les versements entre septembre et décembre de l'année N (2018).
- L'assiette de l'acompte des rémunérations allouées aux gérants et associés correspond au montant net imposable à l'IR, et est constituée des sommes après prise en compte des frais professionnels (10 % ou frais réels).
- Si la prise en compte des frais professionnels donne un résultat déficitaire, il sera retenu pour une valeur nulle.

CRÉDIT D'IMPÔT MODERNISATION RECOUVREMENT

Calcul du crédit d'impôt modernisation du recouvrement (CIMR) :

- Le CIMR est égal Au **montant de l'IR dû au titre de l'année 2018.**
- **Multiplié par :**
  - Le rapport entre les montants nets imposables des revenus non exceptionnels, (les déficits étant retenus pour une valeur nulle), et le revenu net imposable au barème de l'IR, hors déficits, charges et abattements déductibles du RBG.
- Ce montant obtenu est diminué des crédits d'impôt.

Détermination du CIMR :

- Impôt sur le revenu calculé sur les revenus perçus en 2018 x ((Montants nets imposables des revenus non exceptionnels, c'est à dire « salaires, pensions ou rentes viagères ou revenus perçus dans les catégories des BIC BNC ou BA, et des revenus fonciers) / (le revenu net imposable au barème de l'IR, hors déficits, charges et abattements déductibles du revenu global)).
- C'est donc un crédit d'impôt égal au montant des impôts que le contribuable aurait dû payer sur ces revenus non exceptionnels.
- Seuls les revenus exceptionnels perçus en 2018 seront imposés en 2019.

Traitement des revenus fonciers pour le calcul du CIMR :

- Les propriétaires bailleurs pouvaient être tentés d'attendre 2019 pour engager des travaux d'entretien, réparation et rénovation.
- Car en limitant les charges déductibles et donc les dépenses d'entretien, réparation et rénovation, le contribuable bénéficierait d'un CIMR plus élevé.
- Pour éviter cette « conséquence négative » le fisc prévoit :
  - Que que les dettes à échéance en 2018, ne sont **déductibles que** pour la **détermination du revenu net foncier** imposable de l'année 2018.
  - Les dettes de 2018, mais payées en 2019 ne seraient pas déductibles en 2019.
  - Que les **charges** d'entretien, réparation et rénovation **payées en 2018 et 2019** ne seront **déductibles en 2019 qu'à hauteur de 50%** de leur montant réellement payé par le contribuable.
- Certains attendront donc 2020 pour engager des travaux déductibles.
- En 2020, 100% des travaux seront déductibles. **En 2019, seuls 50% des travaux engagés en 2018 et 2019 seront déductibles.**
- Le produit de la **cession d'un usufruit temporaire**, imposé en revenus fonciers ne constitue ni un loyer ni un fermage. Ce produit est donc **exclu du** bénéfice du **CIMR**.

Exemple :

- Un loueur engage 20.000 € de travaux en 2018 puis 30.000 € en 2019.
- En 2019, il pourra déduire (50% x 20.000 € + 50% x 30.000 €) = 25.000 €.

Pour les travaux d'entretien, de réparation ou d'amélioration des biens en location :

- En l'absence d'IR 2018 (**sauf revenus exceptionnels**), il n'est pas possible d'imputer des déficits fonciers.
- Le gouvernement a donc prévu un dispositif de transition en 2018 et 2019 :
  - Le fisc fera la **moyenne des frais de travaux engagés en 2018 et 2019 pour les déduire en 2019.**

Certaines opérations sortent de ce cadre transitoire :

- Des travaux d'urgence ou des travaux à réaliser sur un **bien acquis en 2019** pourront être déductibles intégralement, selon les modalités habituelles.
- Il en est de même, sous conditions, pour :
  - Les travaux non compris dans le budget prévisionnel des copropriétés et décidés d'office par le syndic.
  - Les dépenses de travaux afférents aux monuments historiques.
- Seraient favorisés les bailleurs qui sont déjà en situation de déficit foncier, car la réalisation de travaux dès 2018 leur permettrait de renforcer leur stock de déficits reportables sur 10 ans en 2019 par l'imputation de 50 % des charges payées en 2018.

Exemple 1 :

- Charges réparties à concurrence de 10 000 € en 2018 et 10 000 € en 2019.
- Avec 15.000 € de loyer sur chacune des années, le revenu foncier net :
  - Pour 2018 : 15.000 € - 10.000 € = + 5.000 €.
  - Pour 2019 : 15.000 € - (10.000 € + 10.000 €/2) = 5.000 €.

Exemple 2 :

- Charges sont concentrées sur 2019 avec 20.000 € et aucune charge payée en 2018.
- Avec 15.000 € de loyer sur chacune des années, le revenu foncier net :
  - Pour 2018 : 15.000 € - 0 € = + 15.000 €.
  - Pour 2019 : 15.000 € - (0 € + 20.000 €/2) = 5.000 €.

Exemple 3 :

- Charges sont concentrées sur 2018 avec 20.000 € et aucune charge payée en 2019.
- Avec 15.000 € de loyer sur chacune des années, le revenu foncier net :
  - Pour 2018 : 15.000 € - 20.000 € = - 5.000 €.
  - Pour 2019 : 15.000 € - (20.000 € + 0 €/2) = 5.000 €.

Que les charges soient payées sur 2018 ou 2019, l'impact est le même :

- La déduction de charges importantes en 2018 permettrait de créer un déficit foncier en report (pour la part excédant 10.700 €) tout en bénéficiant d'une seconde déductibilité en 2019 à concurrence de 50%.

Exemple 4 :

- Charges sont concentrées sur 2018 avec 60.000 € et aucune charge payée en 2019.
- Avec 15.000 € de loyer sur chacune des années, le revenu foncier net :
  - Pour 2018 : 15.000 € - 60.000 € = - 45.000 €.
    - Soit 10.700 € de déficit (perdus car non déductibles) et 34.300 € en report sur 10 ans.
  - Pour 2019 : 15.000 € - (60.000 € + 0 €/2) = - 15.000 €.
    - Soit 10.700 €déductibles du RBG en 2019 (éco IR) et 4.300 € en report, s'ajoutant aux 34.300 € de report en 2018.

Exemple 5 :

- Charges sont concentrées sur 2019 avec 60.000 € et aucune charge payée en 2018.
- Avec 15.000 € de loyer sur chacune des années, le revenu foncier net :
  - Pour 2018 : 15.000 € - 0 € = + 15.000 €.
  - Pour 2019 : 15.000 € - (0 € + 60.000 €/2) = - 15.000 €.
    - Soit 10.700 € déductibles du RBG en 2019 (éco IR) et 4.300 € en report.

En synthèse :

Deux notions doivent être prises en considération :

- La **date de réalisation des travaux** déductibles en 2018, 2019 ou 2020
- ET la **date d'acquisition de l'immeuble** dans lequel sont réalisés les travaux.

Pour 2018, les travaux réalisés :

- Seraient déductibles en 2018, mais du fait de l'année blanche, leur déductibilité n'aura aucun impact fiscal sur le montant de l'IR sauf pour la partie des travaux qui auraient pour conséquence de générer un déficit supérieur à 10.700 € qui seront reportables sur les 10 années suivantes.
- Seront également déductibles en 2019 à hauteur de 50% de leur montant.

Pour 2019 :

- Les travaux réalisés en 2019 seront déductibles en 2019 à hauteur de 50% de leur montant.
- Les travaux réalisés en 2018 seront déductibles en 2019 à hauteur de 50% de leur montant.
- Mais pour les immeubles acquis en 2019, les travaux réalisés en 2019 seront intégralement déductibles en 2019.

Pour 2020 :

- Les travaux réalisés en 2020 seront intégralement déductibles en 2020.
- Retour à la normale.

Optimisation du prélèvement à la source et l'immobilier :

- Le Fisc a fixé des règles spécifiques pour éviter que, du fait de l'année blanche, les contribuables reportent leurs dépenses (charges courantes et travaux) en 2019.

1 - Les charges courantes : Intérêts d'emprunt, frais de gestion, impôts et toutes autres dépenses courantes ne sont déductibles qu'au titre de leur année d'exigibilité, quelle que soit la date de leur paiement.

2 - Les travaux : les travaux réalisés et payés en 2019 seront pris en compte, mais le montant déductible sera calculé en retenant la moyenne des travaux réalisés en 2018 et 2019. Faire des travaux en 2019, n'aura qu'un effet fiscal limité puisqu'ils ne seront pris en compte qu'à hauteur de la moitié de leur montant (sauf travaux d'urgence ou décidés d'office par le syndic). Dans la plupart des cas, il vaut mieux attendre 2020, sauf si gros travaux à réaliser en 2018.

Exemple :

- Un contribuable percevant 24.000 € de revenus fonciers, prévoit 100.000 € de travaux en 2018.
- Le déficit constaté pour 2018 est de 76.000 €.
- Il déduit 10.700 € de son RBG et bénéficie d'un déficit reportable sur ses revenus fonciers de 65.300 €.
- En 2019 il a toujours 24.000 € de loyers. Il déduit 50.000 € de travaux (100.000 x 50%) et 65.300 € de déficit reportable.
- Au titre de 2019, il réalise un déficit 91.300 €, dont 10.700 € imputables sur le revenu global et 80.600 € de déficit reportable.
- Abstraction faite de l'année blanche, le contribuable obtient une déduction de 115.300 € (50.000 + 65.300).
- Dès lors que le montant des travaux excède 2 fois le déficit foncier annuel (10.700 € x 2 = 21.400 €) et 2 fois le montant des loyers annuels, il sera possible de déduire davantage de ses revenus que le montant effectivement payé pour les travaux.

CIMR sur le revenu foncier imposable de 2018

- Pour le calcul du CIMR 2018 annulant l'IR non exceptionnel de 2018, le CIMR afférent au revenu net foncier imposable de 2018 résulte de la formule suivante :
  - $\frac{\textbf{Revenus bruts fonciers non exceptionnels perçus en 2018}}{\textbf{Total des revenus bruts fonciers perçus en 2018}} \times \textbf{RF Net de 2018.}$
- Les recettes foncières non exceptionnelles, qui servent à déterminer la proportion du revenu net foncier ouvrant droit au bénéfice du CIMR sont constituées :
  - Des loyers ou fermages perçus par le bailleur, afférents à des échéances de 2018.
  - De la valeur locative des immeubles en 2018 et des revenus de substitution.
- Ces dispositions s'appliquent aux revenus fonciers perçus directement par le contribuable ou par une société non soumise à l'IS et imposés par les associés.

Règles spécifiques de déduction des charges récurrentes :

- Le revenu net foncier 2018 retenu pour le calcul du CIMR est celui déterminé en tenant compte des règles particulières de déduction appliquées à certaines charges.
- En principe une charge est déductible des revenus fonciers à condition qu'elle ait été payée au cours de l'année d'imposition, quelle que soit la date de la facture.
- Pour la détermination du revenu net foncier 2018, et pour les contribuables autres que ceux relevant du régime micro-foncier, des règles spécifiques sont établies.
- Sont déductibles des revenus fonciers perçus en 2018 :
  - Les dettes afférentes à des charges foncières (récurrentes ou non) payées en 2018 (quelle que soit la date d'échéance),
  - Et les dettes afférentes à des charges récurrentes (listées dans le tableau ci-dessous) échues en 2018 (quelle que soit la date de leur paiement).
- Ainsi, les dettes afférentes à des charges récurrentes payées en 2017 mais dont la date d'échéance est fixée en 2018 sont déductibles des revenus fonciers 2018 (et non 2017).
- Les dettes afférentes à des charges récurrentes payées en 2019 mais dont la date d'échéance est fixée en 2018 sont déductibles des revenus fonciers 2018 (et non 2019).

Synthèse des dépenses entre 2018 et 2019 :

Année de déduction des dettes afférentes à des charges récurrentes :			
Dettes répondant aux règles dérogatoires de déduction :	**Année de paiement**	**Date d'échéance**	**Déduction des revenus fonciers**
• **Frais d'administration et de gestion** • **Primes d'assurance** • **Impôts et taxes** • **Provisions pour charges de copropriété** • **Intérêts d'emprunt** • **Certaines dépenses supportées par un fonds de placement immobilier**	2017	2016	2017
	2017	2017	2017
	2017	2018	2018
	2018	2017	2018
	2018	2018	2018
	2018	2019	2018
	2019	2018	2018
	2019	2019	2019
	2019	2020	2019

Aménagement des déclarations 2042 et 2044 :

- Afin de permettre le calcul du CIMR relatif aux revenus fonciers perçus en 2018, les déclarations 2044 et 2044 spéciale (millésime 2019) sont complétées de cadres à renseigner.
- Les montants obtenus sont ensuite reportés sur la déclaration des revenus 2042.
- Pour les contribuables qui relèvent du régime micro-foncier, les lignes de la 2042 doivent être renseignées pour que le Fisc puisse effectuer le calcul du CIMR.

Perception de loyers agricoles une fois par an :

- Pour les revenus provenant de la location nue ou meublée, de commerces, de terres agricoles, il s'agit d'acomptes payables mensuellement ou trimestriellement.
- Ils commenceront être prélevés à compter du 15 janvier pour les acomptes mensuels et du 15 février pour les acomptes trimestriels.
- L'option du paiement trimestriel doit être prise avant le 10 décembre n-1.
- Ces acomptes (appelés acomptes contemporains par le fisc) sont calculés sur les revenus imposables de l'année N-2 pour les acomptes versés de janvier à août et de l'année N-1 pour les acomptes versés de septembre à décembre.
- Les acomptes intègreront les 17,2% de prélèvements sociaux.

Les revenus locatifs baissent suite au départ d'un locataire (vacance) :

- Pour tenir compte des variations des revenus (loyers, fermages...), possibilité de demander que le montant de l'acompte soit ajusté.
- Pour une correction à la hausse, le contribuable doit fournir une estimation du montant de l'ensemble des revenus qu'il reste à percevoir.
- Mais, la modulation à la baisse du prélèvement n'est possible que si le montant du prélèvement estimé par le contribuable au titre de sa situation et de ses revenus de l'année en cours est inférieur de plus de 10% et de plus de 200 € au montant du prélèvement qu'il supporterait en l'absence de cette modulation.
- Les modifications peuvent être faites directement sur le site impots.gouv.fr, mais en cas d'erreurs des pénalités seront appliquées.

Signature d'un devis et règlement d'un acompte fin 2018 pour la réalisation de travaux dans un bien locatif. Solde réglé en 2019.

- La règle fiscale des revenus fonciers est que l'on déduise les travaux à hauteur du paiement effectif, au titre de l'année de ce paiement.
- Mais, en raison de l'application du PAS et de l'année blanche, le contribuable soustrait 100% de l'acompte versé en 2018 et en 2019 il déduira la moyenne des travaux réglés en 2018 et 2019.

Travaux de réfection de la toiture et remplacement de la chaudière votés en 2018

- Il s'agit de travaux non pilotables, dont on ne peut pas décider de décaler l'exécution, ni le paiement.
- Déduction de 100% des dépenses réglées au syndic en 2018 et en 2019 le contribuable ajoutera 50% des dépenses supportées en 2018.
- Cependant, les travaux compris dans les charges de copropriété (travaux de maintenance, d'entretien de l'immeuble), le mode de calcul est complexe et des ajustements sont prévus jusqu'aux revenus imposables de 2020.

LE REVENU FISCAL DE RÉFÉRENCE

Objectif :

Mentionné sur l'avertissement fiscal, il permet de bénéficier d'avantages fiscaux et sociaux, si son montant ne dépasse pas certaines limites. Et… de payer la contribution exceptionnelle sur les hauts revenus.

Détermination :

REVENU NET GLOBAL IMPOSABLE (RNGI)

+ Les plus-values sur valeurs mobilières et les plus-values professionnelles taxables, avant abattement.
+ Les plus-values immobilières taxables.
+ Les pertes en capital subies par les créateurs d'entreprises (déduites du RNGI).
+ Les intérêts et dividendes soumis à PFU, (et donc non ajoutés au RNGI).
+ Les revenus exonérés (et donc non ajoutés au RNGI) :
    - Rémunération des salariés détachés à l'étranger.
    - Bénéfices professionnels réalisés dans certaines zones du territoire.
+ Le montant du taux de réfaction de 40 % applicable aux dividendes versés, si option IR
+ La fraction du montant des revenus exceptionnels ou différés.
+ Les cotisations et primes versées sur un PERP, PERCO, ou sur un régime assimilé.
+ Les rémunérations des salariés et dirigeants détachés en France (« impatriés »).
+ Les produits des parts de FCPR – FCPI – FIP et les Sociétés de Capital-risque, ainsi que leurs plus-values de cessions exonérées d'impôt sur le revenu.
+ Les charges déductibles du RBG (Déficit professionnel – Déficit foncier – Madelin -…).

Concerne :

- L'exonération ou dégrèvement de taxe foncière des personnes âgées et des titulaires de l'allocation aux adultes handicapés.
- L'exonération de taxe d'habitation des personnes âgées de plus de 60 ans, des veufs(ves), des personnes invalides, infirmes ou handicapées.
- Le plafonnement et l'abattement de la taxe d'habitation en fonction du revenu.
- Le crédit d'impôt en faveur des jeunes salariés exerçant un métier connaissant des difficultés de recrutement.
- La prime pour l'emploi et les chèques vacances.
- L'exonération des plus-values immobilières réalisées par les titulaires de pensions de retraite ou de la carte d'invalidité.
- L'exonération de CSG et de CRDS sur certains revenus de remplacement.
- Les ressources des locataires en Loi Besson -Borloo - Scellier – Duflot – Pinel.

Exonération de taxes foncière et habitation : Revenu Fiscal de Référence n- 2< à :

- **Pour 2019 (RFR 2017)** : **10.988 €** pour la première part **+ 2.934 €** par demi-part supplémentaire, et si non assujetti à l'IFI.
- Les bénéficiaires de l'ASPA (Allocation de solidarité aux personnes âgées) et de l'allocation supplémentaire d'invalidité sont exonérés sans conditions de ressources.

LES REVENUS FONCIERS (RF)

Ce sont des revenus issus de la location d'immeubles nus (appartements, maisons, magasins, murs professionnels, bureaux,...) ou de terrains.
Ne rentrent pas dans la catégorie des revenus fonciers :

- Les locations en meublés (B.I.C.).
- Les sous-locations d'immeubles non meublés (B.N.C.).
- Les biens intégrés dans l'actif du bilan des B.I.C. des B.N.C. et des B.A.

2 options possibles pour la déclaration fiscale des revenus fonciers :

Le Micro-Foncier :

- Régime de plein droit si l'ensemble des revenus fonciers bruts n'excède pas 15.000 €.

La 2044 :

- Régime optionnel pour **3 ans**, si l'ensemble des revenus fonciers bruts n'excède pas 15.000 €.
- Passé ce délai, **la reconduction** tacite de l'option **pour le réel** (la 2044) au-delà du terme de la 1ère période, **s'effectue chaque année**, et non plus tous les 3 ans.
- Régime de plein droit, si l'ensemble des revenus fonciers bruts excède 15.000 €.

Á noter :

- Le dépôt de garantie n'est pas à déclarer l'année de sa perception.
- Ce n'est qu'au départ du locataire que le propriétaire bailleur déclarera la caution (ou dépôt de garantie) minorés des frais de remise en état du bien suite aux dégradations faites par le locataire, et minorés d'éventuels loyers impayés.
- Les provisions pour avances sur charges ainsi que les remboursements de travaux reçus du locataire ne sont pas à déclarer, ainsi que pour ces charges réellement payées par le propriétaire en contrepartie.
- Ce n'est qu'au départ du locataire que le propriétaire bailleur pourra déduire le différentiel de charges et dépenses non remboursé.
- L'indemnité d'éviction versée au locataire en cas de résiliation ou de non-renouvellement du bail est déductible du revenu foncier brut uniquement si le propriétaire bailleur perçoit des loyers au moins identiques avec un nouveau locataire.

Les non-résidents exonérés de CSG et de CRDS :

- À compter de l'imposition des **revenus de 2018**, sont **exonérées de CSG** et **CRDS** les personnes relevant à titre obligatoire de la législation d'un autre État de l'UE, de l'EEE ou de la Suisse en matière d'assurance maladie, **sous réserve** qu'elles ne soient **pas à la charge d'un régime obligatoire de sécurité sociale français**.
- Contrairement aux résidents fiscaux Français, les non-résidents ne sont pas autorisés à déduire la CSG acquittée au titre de leurs revenus fonciers de source française pour le calcul de leur revenu imposable en France.

LE MICRO-FONCIER

C'est le régime légal si le montant total des revenus fonciers bruts du Foyer Fiscal ne dépasse pas 15.000 €, et il n'y a pas de 2044 à remplir.

On indique directement dans la 2042 le montant total des revenus fonciers bruts, et le fisc procède à un **abattement forfaitaire** de **30 %.**

- **Le revenu foncier net représente donc 70 %** des revenus fonciers bruts.
- Il n'y a donc **pas de déficit foncier possible**.
- L'imposition sur le revenu et les prélèvements sociaux sont calculés sur le revenu foncier net dégagé, soit 70 % du R.F.B.

Si le propriétaire bailleur est redevable de la TVA, de plein droit ou sur option, la limite des 15.000 € doit être calculée hors TVA.

À noter :

- lors de la cession ultérieure de l'immeuble soumis au régime du micro-foncier, il ne sera pas possible de déduire de la plus-value immobilière taxable, les dépenses d'entretien, de rénovation et d'amélioration, puisqu'elles sont comprises dans la déduction forfaitaire des 30 %.
- En revanche, possibilité d'appliquer l'abattement forfaitaire des 15 % sur la plus-value immobilière.
- Un associé d'une SCI ou SCPI peut opter pour le Micro-Foncier, mais uniquement :
  - S'il détient à titre personnel **un autre immeuble loué nu**.
  - Si la SCI/SCPI (ou à titre personnel) ne détient aucun immeuble loué nu en bénéficiant d'un régime fiscal spécifique (Besson – Robien – Borloo – etc.).
  - Si l'ensemble des revenus fonciers bruts (en propre + SCI/SCPI) est inférieur à 15.000 €.
  - Dans ce cas, il déclarera sa quote-part de revenus fonciers bruts perçus par la SCI ou SCPI et non sa quote-part de revenus nets de la SCI/SCPI lui revenant réellement.

Répartition forfaitaire des charges déductibles des revenus fonciers :

- Pour la détermination des revenus fonciers, seules les dépenses incombant au propriétaire et effectivement supportées par celui-ci sont déductibles, à l'exclusion des charges récupérables auprès du locataire.
- Lorsque la dissociation des charges incombant au propriétaire et des charges récupérables auprès du locataire n'est pas possible, le Conseil d'État admet qu'une répartition forfaitaire puisse être effectuée en fonction des données disponibles.

L'OPTION POUR LA 2044

	Loyers effectivement encaissés par le propriétaire	
+	Les subventions de l'ANAH ou de l'ANAHAR	
=	**REVENU FONCIER BRUT**	
-	Un abattement forfaitaire :	
	Besson ancien ou Robien-ZRR :	26 %
	Borloo neuf ou ancien :	30 %
	Scellier Intermédiaire :	30 %
	Borloo social :	60 %
	Cosse :	De 15 à 85 %
-	Frais divers de gestion (Agence, syndic, concierge,...).	
-	Frais de procédure en cas de procès, frais de rémunération, commissions, secrétariat et honoraires réalisés dans le cadre de la gestion des immeubles.	
-	Autres frais de gestion (Correspondances ou téléphone) sur un forfait de 20 € par bien loué.	
-	Travaux d'entretien, de réparation et d'amélioration.	
-	Taxes foncières et annexes.	
-	Prime d'assurance pour risque de loyers impayés. (Sauf si Crédit d'Impôt).	
-	Prime d'assurance dommage des immeubles bâtis ou non bâtis.	
-	L'amortissement Borloo, Robien, Besson ou Périssol.	
-	Les intérêts d'emprunt (et prêt substitutif) et leurs frais annexes telle que l'ADI	
=	**REVENU FONCIER NET / DÉFICIT FONCIER.**	

À noter :

- le montant des Revenus Fonciers Nets est soumis aux prélèvements sociaux.
- L'option s'exerce par la déclaration de la 2044, pour une durée de **3 ans irrévocable.** Passé ce délai, **la reconduction** tacite de l'option **pour le réel** (la 2044) au-delà du terme de la 1ère période, **s'effectue chaque année**, et non plus tous les 3 ans.
- Les frais divers sont déductibles du Revenu Foncier brut et portent sur : Les frais de rémunération des gardes et concierges – Les frais de gestion fixés forfaitairement à 20 € par local (majorés s'ils sont effectivement supportés par le propriétaire) – Les frais de procédure – Les rémunérations, honoraires ou commissions versés pour la gestion de l'immeuble, la tenue de la comptabilité et les taches administratives ou de secrétariat liées à la gestion de l'immeuble.
- **Á compter des revenus de 2009**, les dépenses retenues par le propriétaire pour bénéficier du **crédit d'impôt** sur la **qualité environnementale**, ou de la **réduction d'impôt** dans le cadre de la **Loi Malraux** ne sont **pas déductibles** des revenus fonciers.

LE CHOIX POUR LA 2044

Lorsque les charges déductibles :

- Excèdent **30 %** des revenus fonciers bruts.
- Lorsque les travaux à effectuer dans les 3 ans sont importants.

Lorsque l'on détient en nue-propriété un immeuble, suite à une succession ou une donation entre vifs, et que l'on impute un déficit provenant de cet immeuble, sur les autres revenus fonciers.

Lorsque, d'une manière générale :

- Il y a encore des intérêts d'emprunt.
- Il y a encore des déficits fonciers.
- Il y a un abattement spécifique sur un des immeubles **à** (26 %, 30 %, 60, 85,…).

Lorsqu' un des **immeubles** relève d'un des **régimes spéciaux** suivants :

- Loi Malraux.
- Zone franche urbaine, ou dans une zone de protection du patrimoine architectural, urbain et paysager (ZPPAUP), avec déficit foncier.
- Périssol et/ou Besson et / ou Robien et / ou Borloo.
- Monuments historiques.
- S.C.I. non dotées de la transparence fiscale.

L'option est :

- Globale, car elle s'applique sur l'ensemble des revenus fonciers du foyer fiscal.
- N'est soumise à aucune formalité et résulte de la simple déclaration de la 2044.
- Si l'ensemble des revenus fonciers brut est inférieur à 15.000 €, l'option est obligatoire 3 ans. Passé ce délai, **la reconduction** tacite de l'option **pour le réel** (la 2044) au-delà du terme de la 1ère période **s'effectue chaque année**, et non pour 3 ans
- Annulée, dès que les revenus fonciers bruts excèdent 15.000 € et devient la base.

Les non-résidents exonérés de CSG et de CRDS :

- À compter de l'imposition des **revenus de 2018**, sont **exonérées de CSG** et **CRDS** les personnes relevant à titre obligatoire de la législation d'un autre État de l'UE, de l'EEE ou de la Suisse en matière d'assurance maladie, **sous réserve** qu'elles ne soient **pas à la charge d'un régime obligatoire de sécurité sociale français**.
- Contrairement aux résidents fiscaux Français, les non-résidents ne sont pas autorisés à déduire la CSG acquittée au titre de leurs revenus fonciers de source française pour le calcul de leur revenu imposable en France.

LES DÉFICITS FONCIERS (DF)

Les déficits fonciers sont déductibles du revenu brut global du foyer fiscal à hauteur de 10.700 €. (15.300 €, en cas de déficit sur un bien détenu en Périssol, ou en Cosse ancien avec travaux).

À condition que les intérêts d'emprunt soient inférieurs ou égaux au revenu foncier brut (R.F.B. = Loyers).

- Si l'ensemble des intérêts d'emprunt est supérieur à l'ensemble des revenus fonciers bruts, alors l'excédent d'intérêt sera reportable pendant 10 ans, sur des revenus fonciers nets positifs à venir.
- Si le déficit foncier total est supérieur aux 10.700 €, alors l'excédent de déficit sera reportable pendant 10 ans, sur des revenus fonciers nets positifs à venir.
- Loi ÉLAN : Déficit porté à **15.300 €** pour les investissements en Cosse avec travaux

À noter :

- Un **report** ne pourra **jamais créer, ni même augmenter**, un déficit foncier, mais **juste annuler** un revenu foncier net positif.
- Un report lié à un excédent d'intérêts et un report lié à un déficit supérieur au 10.700 €, ne forment qu'un seul report global, représentant la somme des 2.
- En cas de **déficit** foncier, **obligation** de conserver et de **louer** l'immeuble (ou les parts de SCI/SCPI) objet du déficit, **pendant 3 ans.** (Sauf décès, invalidité, licenciement).
- En revanche, les **déficits indûment imputés** sur le RBG, sont **reportables 10 ans** et augmentent le montant des déficits reportables.
- Les intérêts d'un emprunt contracté pour la construction d'un immeuble, versés avant son achèvement, sont déductibles des autres revenus fonciers (ou déficits fonciers) ou, à défaut, reportables pendant 10 ans sur des revenus fonciers nets positifs à venir. À condition d'effectuer une demande manuscrite auprès du fisc en s'engageant à louer l'immeuble dès son achèvement.
- Lorsque le Revenu Brut Global (**RBG**) du contribuable est **insuffisant** pour absorber le déficit foncier imputable, la quote-part du **déficit** n'excédant pas 10.700 € (15.300 € si Cosse avec travaux) est **reportable** sur le RBG pendant **6 ans**.
- Concernant les **travaux d'entretien**, (maintenir ou remettre en état l'immeuble pour son usage normal), on ne doit pas en modifier ni la consistance, ni l'agencement ou son équipement initial.
- Par **travaux d'amélioration**, il convient d'entendre ceux qui apportent au logement un élément de confort nouveau adapté à la vie moderne, sans pour autant modifier la structure de l'immeuble.
- Les **travaux de réparation** doivent avoir pour objet de maintenir ou de remettre en état le bien et d'en permettre un usage normal sans en modifier la consistance, l'agencement ou l'équipement initial. C'est le cas de la remise en état du gros œuvre (toiture, façades, mur de clôture, canalisations, électricité, etc.).

- **À compter de 2007**, les déficits fonciers provenant de dépenses inhérentes au maintien et à la protection du **patrimoine naturel**, autres que les intérêts d'emprunt, sont **imputables** sur le revenu global des propriétaires d'espaces naturels, **sans limitation de montant**. Ces dépenses devront avoir reçu un avis favorable de la direction régionale de l'environnement. Sont concernés les parcs nationaux, les réserves naturelles, les monuments naturels et les sites classés, les espaces concernés par un arrêté de biotope, les sites Natura 2000 et les sites et paysages remarquables ou caractéristiques du patrimoine naturel et culturel du littoral, ainsi que les milieux nécessaires au maintien des équilibres biologiques. Un label délivré par la Fondation du Patrimoine, et prévoyant les conditions d'accès au public, sauf exception justifiée par la fragilité du milieu naturel, apporte la preuve de l'intérêt écologique ou paysager particulier de ces espaces naturels.

Les intérêts de l'avance sur un contrat d'assurance-vie sont déductibles des revenus fonciers :

- Les **intérêts payés sur l'avance** faite sur un contrat d'assurance-vie peuvent être **déduits des revenus fonciers**, à condition que l'opération soit consentie en vue **d'acquérir ou d'entretenir un bien immobilier donné en location.**
- Qu'il s'agisse de mener à bien un projet ou de faire face à un coup dur, le souscripteur d'un contrat d'assurance-vie peut bénéficier d'une avance sur le capital moyennant un taux d'intérêt conventionnel, avance considérée comme un prêt accordé par l'assureur.
- Ainsi, les intérêts payés sur cette avance sur assurance-vie sont déductibles pour la détermination du revenu foncier net soumis à l'impôt sur le revenu.
- Pour bénéficier de cette déductibilité, le Fisc précise qu'il faut que cette avance appelle un remboursement à échéance du capital avancé et le paiement d'intérêts à l'organisme créditeur.
- L'avance doit avoir été consentie pour la conservation, l'acquisition, la construction, la réparation ou l'amélioration de l'immeuble donné en location, et que le contribuable peut justifier du paiement des intérêts au cours de l'année d'imposition.

Déficit subi par une SCI déductible des revenus fonciers de l'usufruitier :

- Selon la doctrine administrative, seul le nu-propriétaire peut déduire la quote-part des déficits réalisés par la société correspondant à ses droits, dès lors qu'en sa qualité d'associé, il est le seul à répondre des dettes de la société.
- Le Conseil d'État a infirmé cette doctrine en jugeant que, en cas de démembrement de titres d'une SCI non soumise à l'IS, l'usufruitier peut imputer, à hauteur de sa quote-part, le déficit social de la SCI sur ses revenus fonciers.
- Cette solution à propos des SCI est confirmée par une décision relative cette fois à un déficit subi par une SNC.

TAXE SUR LES MICRO-LOGEMENTS

- Les propriétaires louant un **micro-logement de moins de 14 m2** doivent s'acquitter de « la taxe Apparu », lorsque le bien immobilier loué, est situé en Zone A (Paris, petite et deuxième couronnes, Côte d'Azur et Genevois Français) et incluant la zone A bis donnés en location nue ou meublée pour une durée de 9 mois minimum et exonérés de la TVA.
- Cette taxation se met en place **dès que le loyer dépasse 42,47 Euros** pour **2019**, hors charges, par m2 de surface habitable.
- Le **taux de la taxe varie de 10 à 40 %** et dépend de l'écart entre le loyer mensuel, hors charges, payé par le locataire et la valeur du loyer de référence.
- Document CERFA n° 2042 LE à remplir et à joindre à la 2042.

Taux d'écart entre le montant du loyer mensuel, hors charges, et la valeur de référence :	**Taux de la taxe :**
• Si l'écart est inférieur à 15 % :	10 %
• Si l'écart se situe entre 15 et 30 % :	18 %
• Si l'écart se situe entre 30 et 55 % :	25 %
• Si l'écart se situe entre 55 et 90 % :	33 %
• Si l'écart est supérieur à 90 % :	40 %

- Ce montant est compris entre **deux limites fixées à 31,85 et 47,79 €** (ces limites étaient de 31,46 et 47,20 € pour 2018).

Exemple :

- Logement de 12 m2 à Paris, avec un loyer de 840 € hors charges, soit 70 €/m2.
- L'écart entre le loyer et celui de référence : (70 € - 42,47 €)/42,47 x 100 = 64,82 %.
- Ce pourcentage se situe entre 55 et 90 %, la taxe est donc de 33 %.
- Loyers encaissés : 840 € x 12 = 10.080 €.
- **Taxe à payer** : 10.080 € x 33 % = **3.326 € pour 2019.**

LOI PINEL : RÉDUCTION D'IMPÔT POUR INVESTISSEMENT LOCATIF NEUF

Ce nouveau dispositif remplace la Loi DUFLOT à compter du 1er Septembre 2014.

Objectif :

- Nouvelle **réduction d'impôt** sur la période **du 01/09/2014 au 31/12/2021** pour l'**acquisition** d'un logement **locatif neuf** à titre de résidence principale du locataire, dont le propriétaire s'engage à le louer nu (**2044 EB**) pour une durée allant de **6 ans-9 ans, à 12 ans,** sous **conditions de ressources** du locataire **et** de **loyers plafonnés**.

Bénéficiaires :

- Personnes fiscalement domiciliées en France.
- Acquisition en direct, en indivision, par une SCI à l'IR, ou par achat de parts de SCPI (sur la base de 100 % au lieu de 95 % en Duflot).
- Le **démembrement de propriété** est **exclu** de la mesure, idem si parts de société.

Engagement de location :

- Le propriétaire doit s'engager à louer le logement nu pendant une durée minimale de 6 ans ou 9 ans, (de façon irrévocable) à usage d'habitation principale du locataire.
- A l'issue de l'engagement initial des 6 ou 9 ans, possibilité de proroger par période triennale cet engagement de la façon suivante (2044 EB obligatoire dès la 1ère 2044) :
  - 3 ans, **renouvelables une fois** en cas d'engagement initial de 6 ans. Soit 12 ans.
  - 3 ans **non renouvelables** en cas d'engagement initial de 9 ans. Soit 12 ans au total.
  - Soit une durée maximum d'engagement de 12 ans dans tous les cas.
- En cas de société de personnes, chaque associé doit s'engager à détenir ses titres jusqu'à l'expiration de la période couverte par l'engagement pris par la société.
- L'**engagement** doit être effectué **dans les 12 mois** suivant la DAT ou l'acquisition (lors de la première déclaration des revenus de l'année d'achèvement ou d'acquisition)
- **Possibilité de le louer à un ascendant ou descendant** (possible en SCI) **pour** les **investissements à compter du 1er Janvier 2015**, si les conditions de loyers et de ressources sont respectées, et ce, **sans interruption de l'avantage fiscal**.
- La location peut être consentie à un organisme public ou privé qui le donne en sous-location nue à usage d'habitation principale à un locataire, à condition qu'il n'y ait aucune prestation hôtelière ou para-hôtelière.

Montant de l'investissement ouvrant droit à la Réduction d'impôt :

- **Plafond annuel** global d'investissements (Immeubles ou parts) limité à **300.000 €.**
- Ce plafond s'applique jusqu'au 31 Décembre 2021 pour le prix de revient du logement :
  - Lorsque le logement est détenu en indivision, chaque indivisaire bénéficie de la réduction d'impôt dans la limite de la quote-part du prix de revient de ce logement correspondant à ses droits dans l'indivision.
  - Lorsque le logement est la propriété d'une société à l'IR autre qu'une SCPI, le contribuable bénéficie de la RI dans la limite de la quote-part du prix de revient correspondant à ses droits (parts sociales) sur le logement concerné.
  - Dans les 2 cas le prix de revient du logement est pris en compte pour sa valeur d'achat dans la limite de 300.000 €, même si le prix est supérieur.
  - Le prix de revient du bien majoré du montant des travaux de transformation ou de réhabilitation au titre d'un local affecté à un autre usage que l'habitation et transformé en logement, ou si le logement fait l'objet de travaux de réhabilitation
  - Les dépendances telles que stationnement, garage si bail commun avec le logement

Mise en place d'un double plafonnement :

- Plafond annuel dans la limite de **300.000 €.**
- Dans la limite de **2 logements par an, maxi**, par foyer fiscal.
- Un **plafond de prix par m2** de surface habitable, fixé **pour 2019 à 5.500 € le m2**.
- Ce plafond ne s'applique pas aux parts de SCPI.

Taux de la RI applicables aux investissements réalisés à compter du 01/09/2014 :

- **12 %** (23 % si outre-mer) du prix de revient du logement, **si engagement initial sur 6 ans** (Soit 2 % du PA sur 6 ans, avec une RI maxi/an de 6.000 €).
- **18 %** (29 % si outre-mer) du prix de revient du logement, **si engagement initial sur 9 ans.** (Soit 2 % du PA sur 9 ans, avec une RI maxi/an de 6.000 €).

En cas de prorogation :

- Pour **l'engagement initial sur 6 ans** :
  - **6 %** pour la **première période** triennale. (Soit 2 % par an). Total : 18 %.
  - **3%** pour la **seconde période** triennale. (Soit 1 % par an). Total : 21 %.
- Pour **l'engagement initial sur 9 ans** :
  - **3%** pour la **seule et unique période** triennale. (Soit 1 % par an). Total : 21 %.

Dans tous les cas, la **réduction d'impôt s'applique** au titre de l'année d'achèvement du logement ou de son acquisition, si elle est postérieure.

Á noter :

- La réduction d'impôt PINEL est soumise au plafonnement global des niches fiscales de 10.000 €. (8.000 € supplémentaires en cas de PINEL outre-mer ultramarin).

Logements bénéficiant de la réduction d'impôt :

- Acquisition d'un logement réalisée **du 1er Septembre 2014 au 31 Décembre 2021**.
- Le logement doit être situé dans une commune (Métropolitaine ou DOM) se caractérisant par un **déséquilibre important entre l'offre et la demande**.
- La **commune** doit être classée en **zones : A – A bis, et B1 jusqu'au 31/12/2021.**
- **B2 et C : autorisées** sur agréments, (sauf si dépôt permis construire avant 2018 et acquisition avant 31.12.2018), si logement situé dans une commune dont le territoire est couvert par un contrat de redynamisation de site de défense (CRDS).
- Á défaut, les acquisitions en **zones B2 et C, sont supprimées à partir de 2018**.
- Logement acquis neuf ou en l'état futur d'achèvement des travaux.
- Logement que l'investisseur fait construire, dont la DAT intervient dans les 30 mois de l'obtention du permis de construire.
- Acquisition de locaux affectés à un autre usage que l'habitation et que l'investisseur transforme en logements neufs entre le 01/09/14 et le 31/12/21, au sens de la TVA.
- Logement ne satisfaisant pas aux caractéristiques de décence (Art.6 de la Loi 89-462 du 06/07/89) et qui fait ou qui a fait l'objet de travaux de réhabilitation, définis par décret, destinés à lui conférer des performances techniques proches de celles d'un neuf. (DAT au plus tard le 31/12 de la 2ème année suivant l'acquisition).
- Acquisition d'un logement inachevé en vue de son achèvement. (Idem pour la DAT).
- La mesure ne s'applique pas aux « monuments historiques ».

Date d'achèvement du logement :

- La **DAT** doit intervenir **dans les 30 mois** de la DOC pour les logements acquis en VEFA ou du permis de construire si le contribuable fait construire un logement.
- Pour l'acquisition d'un local : inachevé - transformé à usage d'habitation – ou faisant l'objet de travaux de réhabilitation, la réduction est acquise si la **DAT** intervient au plus tard le **31/12 de la 2èmeannée** suivant celle de l'acquisition du local destiné à être transformé. (Soit au plus tard au 31/12/2023) et uniquement si le logement n'a pas été occupé depuis l'achèvement des travaux. (Sauf cas de force majeure).

Caractéristiques techniques et performances énergétiques :

- La réduction d'impôt n'est accordée qu'aux logements dont les caractéristiques thermiques et la performance énergétique sont conformes au décret et qui :
  - Respectent la réglementation thermique 2012 (RT 2012) en vigueur au 01/01/13.
  - Bénéficient du label « BBC 2005 », pour les logements non soumis à la RT 2012.
  - Respectent un certain niveau de performance énergétique pour les logements rénovés : Label «HPE Rénovation 2009 » ou le label « BBC rénovation 2009 ».
  - Pour les logements anciens n'ayant pas les Labels HPE ou BBC 2009, il faut respecter au moins 2 des 4 catégories suivantes : isolation des toitures ou des murs extérieurs – Fenêtres – Chauffage – Production d'eau chaude sanitaire.

Étalement de la réduction d'impôt :

- La réduction d'impôt est étalée en parts égale sur **6 ans**, à raison d'**1/6°** par an, **ou 9 ans**, à raison d'**1/9° par an**.
- Elle s'applique pour la 1ère fois au titre de l'année de l'acquisition ou de la DAT. (Si acquisition + travaux : au titre de la DAT).

Non respect des conditions ouvrant droit à la réduction d'impôt :

- Reprise de la réduction d'impôt dans les cas suivants :
    - Rupture de l'engagement de détention et de location (du bien ou des parts).
    - Non-respect des conditions de mise en location (dépassement des plafonds de loyer ou de ressources du locataire, absence de location, ou hors délai, ...).
    - Démembrement du bien ou des parts. (Sauf en cas du décès du conjoint et reprise par le survivant usufruitier des engagements de location et de détention).
- Reprise en totalité, l'année au titre de laquelle interviendra la remise en cause.
- Á l'exception d'une invalidité en catégorie 2 ou 3, d'un licenciement ou décès.

Engagement de location :

- Le propriétaire doit s'engager, dès la première 2044, à louer le logement nu pendant une durée mini de 6 ou 9 ans, à usage d'habitation principale du locataire (**2044 EB**).
- En cas de société de personnes, chaque associé doit s'engager à détenir ses titres jusqu'à l'expiration de la période couverte par l'engagement pris par la société.
- L'**engagement** doit être effectué **dans les 12 mois** suivant la DAT ou l'acquisition.
- L'engagement doit prévoir :
    - Que le locataire est une personne autre qu'un ascendant ou descendant, pour les investissements réalisés avant 2015, autorisé au-delà, si détaché du foyer fiscal.
    - Que les conditions de loyers et les ressources du locataire soient respectées.
- Mêmes conditions, si l'immeuble est la propriété d'une société non soumise à l'IS.
- La location peut être consentie à un organisme public ou privé qui le donne en sous-location nue à usage d'habitation principale à un locataire (autre qu'un membre du foyer fiscal), à condition qu'il n'y ait aucune prestation hôtelière ou para-hôtelière.

Plafonds de loyers :

- Le loyer mensuel au m2, charges non comprises, ne doit pas dépasser un plafond fixé selon la situation géographique du bien, en fonction des **zones** fixées par décret.
- Les plafonds peuvent être réduits par le représentant de l'État dans la Région, après avis du Comité régional de l'habitat, pour répondre au marché locatif local.
- La surface à prendre en compte comprend la surface habitable + la moitié de la surface des annexes, dans la limite de 8 m2. (caves, sous-sols, remises, balcons, ...).
- La surface des emplacements de stationnement et des **garages** n'est **pas prise en compte** pour la détermination du loyer plafond, car non locaux à usage d'habitation.

Plafonds des Loyers en PINEL, pour les baux conclus en 2019 :

Zones	A Bis	01/10/14	A	01/10/14	B1	B2
pour 2019	17,17 €	14,21 €	12,75 €	11,17 €	10,28 €	8,93 €

Plafonds corrigés en fonction de la surface :

- Aux plafonds indiqués, mise en place d'un coefficient multiplicateur de : 0,7 + 19/S. S étant la surface du logement.
- Le coefficient ainsi obtenu est arrondi à la 2ème décimale et ne peut excéder 1,2.
- Lorsque le logement est d'une surface maxi de 38 m2, le coefficient sera de 1,2.
- Au-delà, **le plafond corrigé sera déterminé de la façon suivante pour 2019 :**

	Surface	Coefficient multiplicateur	Nouveau plafond en €
Zone A	25 m2	0,7 + 19/25 = 1,46	12,75 x 1,2 = 15,30 €
	35 m2	0,7 + 19/35 = 1,24	12,75 x 1,2 = 15,30 €
	38 m2	0,7 + 19/38 = 1,2	12,75 x 1,2 = 15,30 €
	45 m2	0,7 + 19/45 = 1,12	12,75 x 1,12 = 14,28 €

Soit un coefficient en fonction de la surface de :

Surface	20 m2	30 m2	40 m2	50 m2	60 m2	70 m2	80 m2	90 m2
Coef.	1,20	1,20	1,18	1,08	1,02	0,97	0,94	0,91

Soit les plafonds suivants par zone et par surface habitable pour 2019 :

Zone	20 m2	30 m2	40 m2	50 m2	60 m2	70 m2	80 m2	90 m2
A Bis	412 €	618 €	810 €	927 €	1.051 €	1.166 €	1.291 €	1.406 €
A	306 €	459 €	602 €	688 €	780 €	866 €	959 €	1.044 €
B1	247 €	370 €	485 €	555 €	629 €	698 €	773 €	842 €
B2	214 €	321 €	421 €	482 €	547 €	606 €	672 €	731 €

Conditions de ressources du locataire :

- Le **revenu fiscal de référence** du locataire à la signature du bail ne doit pas dépasser les mêmes plafonds que ceux appliqués aux **prêts locatifs intermédiaires.**
- Le RFR à prendre en compte, est de l'avertissement fiscal de **N-2** précédent celle de la signature du bail. (Revenus de 2017 pour les baux conclus en 2019, par exemple).
- Ces plafonds de ressources sont fixés par référence à la situation des couples, qu'ils soient mariés, « pacsés » ou concubins.
- En cas de sous-location, la condition de ressources s'apprécie en tenant compte des ressources du sous-locataire, avec son avertissement fiscal de n-2.

Ressources du locataire pour les baux PINEL conclus en 2019 :

Foyer fiscal du locataire	Zone A Bis	Zone A	Zone B1	Zone B2
Personne seule	38.236 €	38.236 €	31.165 €	28.049 €
Couple	57.146 €	57.146 €	41.618 €	37.456 €
Avec une personne à charge	74.912 €	68.693 €	50.049 €	45.044 €
Avec 2 personnes à charge	89.439 €	82.282 €	60.420 €	54.379 €
Avec 3 personnes à charge.	106.415 €	97.407 €	71.078 €	63.970 €
Avec 4 personnes à charge	119.745 €	109.613 €	80.103 €	72.093 €
Par personne à partir de la 5ème	+ 13.341 €	+ 12.213 €	+ 8.936 €	+ 8.041 €

Nouvelles Zones à compter de 2017 :

Nouvelle zone A bis :

- **Paris et 76 communes de sa très proche périphérie** : Yvelines (78) - Hauts-de-Seine (92) - Seine-Saint-Denis (93) - Val-de-Marne (94).

Nouvelle Zone A :

- Autres communes de l'agglomération parisienne - Côte d'Azur - Genevois français - Agglomérations/communes où les loyers et prix des logements sont très élevés (Lille, Lyon, Marseille, Montpellier, Toulouse, ...).

Nouvelle Zone B1 :

- Grandes agglomérations ou agglomérations dont les loyers et prix des logements sont élevés. - Partie de la grande couronne parisienne non située en zone A ou A bis - Villes « chères ». - Départements d'Outre-mer.

Nouvelle Zone B2 : Sortie progressive. (Voir pages précédentes).

- Grande couronne Parisienne – Villes/centres de grandes agglomérations, non situées en zone A bis, A et B1. - Communes où les loyers et prix des logements sont relativement élevés. - Communes de Corse non situées en zones A ou B1.

Nouvelle Zone C : Sortie progressive. (Voir pages précédentes).

- Certaines communes classées en Zone C peuvent prétendre à la Loi PINEL, depuis Janvier **2017**, sur agrément du représentant de l'État sans la région, après avis du Comité Régional de l'Habitat et de l'Hébergement.

Acquisition de parts de « SCPI PINEL » :

- La SCPI doit financer des investissements pour lesquels les conditions d'application de la réduction sont réunies. (Logements – Zones – Engagement).
- L'option irrévocable (engagement par écrit de conserver les parts pendant 6 ou 9 ans) pour bénéficier de la réduction d'impôt doit être exercée lors de la 1ère 2044 S de la souscription des parts, avec le document **CERFA n° 2044 EB**. (La SCPI s'engage sous les mêmes conditions).
- La souscription est **impossible si** les **titres** sont **démembrés** (sauf pour le conjoint survivant).
- La réduction d'impôt est calculée au taux de 12 % ou 18 % sur **100 %** du montant **de la souscription** des parts en numéraires, effectivement versée au 31 Décembre, dans la limite de 300.000 € par année.
- Le montant de la souscription annuelle des parts de SCPI ouvrant droit à la réduction d'impôt ainsi qu'un investissement immobilier à titre individuel ne peuvent pas excéder globalement 300.000 €.

Á noter :

- Possibilité d'opter pour le Micro-Foncier avec le régime PINEL, mais faible intérêt si investissement avec un prêt.

SUPPRESSION DES ZONES VERS UNE ÉGIBILITÉ DÉCIDÉE LOCALEMENT

Nouveau chantier visant à affiner l'éligibilité des villes au dispositif PINEL.

La France est organisée en 4 zones selon le degré de tension du marché immobilier :

- **Zone A bis** : Paris et 76 communes Yvelines, des Hauts de-Seine, de Seine-St-Denis, du Val-de-Marne et du Val-d'Oise ; Actuellement **éligible à la loi PINEL.**
- **Zone A** : Agglomération de Paris (dont zone Abis), la Côte d'Azur, la partie française de l'agglomération genevoise, certaines agglomérations ou communes où les loyers et les prix des logements sont très élevés ; Actuellement **éligible à la loi PINEL.**
- **Zone B1** : Grandes agglomérations où dont les loyers et le prix des logements sont élevés, une partie de la grande couronne parisienne non située en zone Abis ou A, quelques villes chères, les départements d'Outre-mer. **Éligible à la loi PINEL.**
- **Zone B2** : Villes-centre de certaines grandes agglomérations, grande couronne autour de Paris non située en zone Abis, A et B1, certaines communes où les loyers et les prix des logements sont assez élevés, communes de Corse non situées en zones A ou B1 ; **Non éligible à la loi PINEL.**
- **Zone C** : Reste du territoire. **Non éligible à la loi PINEL.**
- *Ces zones sont définies pour une période de 3 années en 2014, et nous sommes dans l'attente d'une redéfinition /confirmation de la liste des villes éligibles à la loi PINEL.*

Le gouvernement cherche des solutions mettant fin au zonage actuel du territoire :

- Une réflexion sur l'opportunité et les éventuelles modalités d'une décentralisation de la définition du zonage ou d'une délégation, au profit des territoires, des aides à l'accession et à l'investissement locatif, et l'éligibilité à la loi PINEL pourrait être décidée par les Maires - Les Départements - Les Régions ?

PINEL EN ZONES B2 ET C INVESTISSEMENT AU 31/12/2018 MAXI

Extinction progressive de l'éligibilité PINEL aux zones B2 et C, permettant aux investisseurs de bénéficier encore de la réduction d'impôt PINEL dès lors que :

- La demande de permis de construire de l'immeuble a été déposée avant le 31/12/2017
- L'acquisition de l'immeuble par acte authentique est signée chez le notaire avant le 31/12/2018.
- La LDF 2019 propose d'assouplir cette date du 31/12/2018, pour les contrats de réservation en **VEFA**, enregistrés ou déposés au rang des minutes d'un notaire au plus tard le 31/12/2018 et **réalisée au plus tard le 15/03/2019**.
- La réduction s'applique, pour les investissements réalisés depuis le 1er janvier 2017, aux logements situés dans des communes dont le territoire est couvert par un contrat de redynamisation des sites de défense (CRSD). Mais la plupart des contrats en CRSD ont expiré entre 2012 et 2014, ce qui rend le dispositif inopérant.
- La LDF 2019 précise que la réduction d'impôt Pinel est applicable aux logements dans des communes dont le territoire est couvert par un CRSD ou l'a été dans un délai de 8 ans précédant l'investissement.

Contribuables qui transfèrent leur domicile fiscal hors de France :

- Les contribuables, qui effectuent entre le 1er janvier 2019 et le 31 décembre 2021 alors qu'ils sont domiciliés en France, un investissement éligible à la réduction d'impôt Pinel peuvent continuer à bénéficier de cet avantage fiscal au titre des années au cours desquelles leur résidence fiscale ne se situe plus en France.

Cette mesure s'applique :

- Lorsque l'immeuble est acquis directement par le contribuable.
- Lorsque l'immeuble est acquis par l'intermédiaire d'une société non soumise à l'IS, autre qu'une SCPI et que l'associé de cette société est domicilié en France à la date d'acquisition du logement.
- Lorsque le contribuable souscrit des parts d'une SCPI alors qu'il est domicilié en France.

Encadrement des frais et commissions :

- Le montant des frais et commissions payés au titre de l'acquisition d'un logement (acquis neuf ou en EFA) ouvrant droit à la réduction d'impôt Pinel ne peut excéder un pourcentage du prix de revient du logement :
    - Les frais et commissions visés sont ceux versés par le promoteur, le vendeur ou intermédiaires (les personnes physiques ou morales exerçant une activité de conseil ou de gestion, un acte de démarchage ou une activité d'intermédiation...).
    - Une estimation du montant de ces frais et commissions ainsi que leur part dans le prix de revient doivent être communiquées à l'acquéreur lors de la signature du contrat préliminaire.
    - Leur montant définitif doit figurer dans l'acte authentique d'acquisition du logement.
- Tout dépassement du plafond est passible d'une amende due par le vendeur.
- Son montant ne peut excéder 10 fois les frais excédant le plafond.

LOI COSSE ANCIEN – « LOUER ABORDABLE »

La Loi COSSE supprime et remplace les lois BORLOO Ancien et BESSON Ancien.
Les propriétaires donnant en location un logement ancien dans le cadre d'une convention conclue avec l'ANAH entre le 1er janvier 2017 et le 31 Décembre 2019, bénéficient d'une déduction spécifique de 15 à 85 % de leurs revenus fonciers bruts, selon que le bien sera loué en secteur intermédiaire, social ou très social.

Bénéficiaires :

- Propriétaires personnes physiques ou associés de sociétés à l'IR (SCI – SCPI) à titre privé.

Biens concernés :

- Logements neufs ou anciens, à titre de résidence principale du locataire, ne faisant pas partie du foyer fiscal du propriétaire ou associé, ni à un ascendant ou descendant.
- Possibilité d'opter pour le Cosse ancien, avec le même locataire déjà en place, uniquement lors du renouvellement du bail.
- Engagement de le louer et de détenir le bien ou les parts pendant toute la durée de la convention ANAH (6 ans ou 9 ans).
- Location possible à un organisme public ou privé, sans prestation hôtelière ou para hôtelière pour la résidence principale du locataire.
- Possibilité d'intermédiation locative avec un mandat de gestion à une agence à vocation sociale, qui le sous-louera, gratuitement ou non, en meublé ou non, à des personnes en difficulté.
- Les logements doivent se situer dans des zones géographiques se caractérisant par un déséquilibre entre l'offre et la demande de logements locatifs, à l'exclusion de la Zone C pour l'intermédiation locative, sauf si travaux d'amélioration depuis 2019.

Conditions à respecter :

- Loyer et conditions de ressources du locataire à la signature du bail, en fonction du lieu et de la nature de la convention signée avec l'ANAH, avec engagement de durée.

Durée de la convention :

- **6 ans.**
- **9 ans** si travaux subventionnées par l'ANAH.
- **Renouvellement** par période triennale.
- **Le non-respect de l'engagement** de location et de détention durant la période, entraîne la remise en cause de l'avantage fiscal, sauf si invalidité catégorie 2 ou 3, licenciement ou décès d'un des époux ou pacsés.

Avantage fiscal :
Déduction spécifique des revenus fonciers, en fonction du lieu et le type de conventionnement :
ZONES A - ABis – B1 (Zones très tendues) :

- **30 %** : Dans le secteur intermédiaire.
- **70 %** : Secteur social ou très social.

ZONE B2 (Zones tendues) :

- **15 %** : Dans le secteur intermédiaire. (« Cosse intermédiaire »)
- **50 %** : Secteur social ou très social. (« Cosse social » ou « très social »).

ZONE C : **50 %** : Secteur Intermédiaire –Social ou Très social – Si travaux amélioration
Quelque soit la ZONE :

- **85 %** : Secteur intermédiaire – Social ou très social, loués à un organisme public ou privé en vue de l'hébergement des personnes défavorisées. Et ce, quelque soit la zone géographique, si les logements sont donnés en mandat de gestion ou en location à un organisme public ou privé, soit en vue de leur location ou sous-location, meublée ou non, de toute personne ou famille éprouvant des difficultés particulières, notamment de l'inadaptation de ses ressources ou de ses conditions d'extrême pauvreté.

LOI COSSE ANCIEN – « LOUER ABORDABLE » : 2019						
ZONES	Abtt Loyers intermédiaires	Plafonds Intermédiaires 2019	Loyer social et très social	Plafonds Social 2019	Plafonds Très social 2019	Abtt Personnes défavorisées Intermédia--tion locative
A- ABis	30 %	A : 12,75 € - ABis : 17,17 €	70 %	A : 9,24 € - ABis :12,01 €	A :7,19 € ABis :9,35 €	85 %
B1		10,28 €		7,96 €	6,20 €	
B2	15 %	8,93 €	50 %	7,64 €	5,93 €	
C	50 % (2019) Si travaux	8,93 €	50 % 2019 Si Travaux	7,09 €	5,51 €	

Plafonds de ressources Cosse ancien :

- **Secteur intermédiaires** (Abtt de 15 % - 30 % - 50 % - 85 %) : Idem PINEL.
- **Secteur social et très social** : (Abtt de 50 % - 70 % - 85 %) : Idem Borloo Ancien.

Á noter :

- Contrairement aux dispositifs BESSON Ancien et BORLOO ancien, la loi COSSE ancien ne s'appliquera que pour les logements situés dans les communes classées, par arrêté des ministres chargés du budget et du logement, dans les zones géographiques se caractérisant par un déséquilibre entre l'offre et la demande de logements.
- Les zones rurales, non caractérisée par une tension locative ne pourront plus prétendre à ce dispositif fiscal de faveur (sauf en cas de signature d'un mandat de gestion avec une association pour loger des personnes d'une extrême fragilité).

La loi ÉLAN étend le dispositif du Cosse ancien aux logements situés en zone C, y compris hors intermédiation locative, sur 2 points :

- L'avantage fiscal est étendu à la **zone C** hors intermédiation locative.
- Pour les conventions signées entre le 1er janvier 2018 et le 31 décembre 2019, la loi évolution du logement et aménagement numérique (ou loi ÉLAN) étend le bénéfice de la déduction Cosse ancien aux locations de logements situés en zone C lorsque les logements conventionnés avec travaux d'amélioration sont donnés en location dans le secteur social ou très social.
- La **durée** de la **convention** qui lie le bailleur avec **l'ANAH est alors de 9 ans.**
- Le **taux** de la **déduction** est fixé à **50 %.**
- Le dispositif existant d'incitation fiscale, y compris sans travaux d'amélioration, pour les opérations d'intermédiation locative demeure quant à lui inchangé, permettant de bénéficier de 85 % de déduction quelle que soit la localisation du logement.

Hausse du plafond de déficit imputable :

- À compter de l'imposition des **revenus de 2019**, la limite de 10.700 € est portée à **15.300 €** lorsque le déficit foncier est constaté sur un logement pour lequel le contribuable pratique la déduction Cosse.
- La limite de 15.300 € est commune au déficit constaté dans le cadre de l'amortissement Périssol et dans le cadre de la déduction Cosse.

DENORMANDIE : INVESTISSEMENT LOCATIF DANS L'ANCIEN :

- Élargir les dispositions de la loi PINEL à l'investissement dans l'ancien avec travaux, en améliorant la performance énergétique du logement.
- L'investisseur immobilier locatif de ce nouveau dispositif fiscal DENORMANDIE peut bénéficier d'une **réduction d'impôt** maximum de 21% du prix de revient de l'immeuble (Prix d'acquisition de l'immeuble + Frais de notaire + Travaux) à raison de :
  - 2% par année pendant les 9 premières années.
  - 1% par année pendant les années 10, 11 et 12.
- Cette réduction d'impôt peut bénéficier aux contribuables fiscalement domiciliés en France au moment de l'investissement qui font rénover le bien, comme à ceux qui achètent le logement à un promoteur qui a déjà fait rénover le bâtiment.

Trois conditions (sans compter les **plafonds de ressources** du locataire et plafonnement de **loyer identiques à ceux** de la loi **PINEL** dans l'immobilier neuf) :

- **Les travaux doivent être réalisés par une entreprise** et représenter au moins **25% du coût global** de l'immeuble, plafonné à **300.000 € (33%** du prix d'achat de l'immeuble avant travaux**),** dans une ville moyenne ayant fait l'objet d'une ORT.
- **L'acquisition** doit intervenir **entre le 01/01/2019 et 31/12/2021.**
- Le bien doit être situé dans une **ville labellisée « Cœur de ville ».**
  - Ce dispositif est accordé aux propriétaires de logements (Maison ou appartement) situés dans des communes dont le besoin de réhabilitation de l'habitat en centre-ville est particulièrement marqué ou dans les communes signataires d'une convention d'opération de revitalisation du territoire (**ORT**).
- Il s'agit d'une des 222 villes moyennes en souffrance, (« Cités en souffrance »), dont les centres villes sont désertés de leurs habitants et de leurs commerces.
- Certains quartiers de très grandes villes (Marseille, Lille, Bordeaux…) peuvent aussi devenir éligibles à condition de manifester leur volonté de s'engager dans une ORT.

En contrepartie, les travaux ne sont pas déductibles des revenus fonciers :

- Impossibilité de cumuler déficit foncier et Réduction d'impôt du De Normandie.
- Les travaux réalisés peuvent bénéficier du taux réduit de TVA à 10% (Travaux d'amélioration, de transformation, d'aménagement ou d'entretien) et même 5.50% (Travaux de **rénovation ou d'amélioration énergétique** et les travaux induits, indissociablement liés aux travaux d'efficacité énergétique).
- Entre l'importance des travaux envisagés et la TMI du contribuable, ce nouveau dispositif DENORMANDIE peut être préféré au mécanisme du déficit foncier.
- Le contribuable pourra avoir intérêt à bénéficier de la réduction d'impôt plutôt que de la déduction des travaux, s'ils représentent entre 25 % et 40 % du coût global d'achat et si la TMI ne dépasse pas 30 %.

Décret d'application du 26/03/2019 :

- Le décret définit la nature des travaux éligibles, le niveau de performance énergétique exigé des logements et les obligations déclaratives spécifiques des contribuables pour avoir droit à l'avantage fiscal, et fixe la liste des communes où l'investissement peut ouvrir droit à la réduction d'impôt pour l'achat de logements anciens situés en centre-ville dans 222 communes signataires des conventions « Cœur de ville » ou engagées dans des opérations de revitalisation de leurs territoires, où le besoin de réhabilitation de l'habitat en centre-ville est particulièrement marqué ou qui ont conclu une convention de revitalisation. Le centre-ville s'entend, dans la limite du territoire de ces communes, des zones de bâti continu de la commune.
- Il s'agit de tous travaux ayant pour objet la modernisation, l'assainissement ou l'aménagement des surfaces habitables, la réalisation d'économies d'énergie, ainsi que la création de surfaces habitables à partir de l'aménagement des combles accessibles et/ou des garages en habitat individuel, ou transformation de bureaux en logements.

Performance énergétique requise :

- Pour être éligibles au dispositif, non seulement les travaux doivent représenter au moins 25 % du coût total de l'opération (33% du prix d'achat du logement seul), mais ils doivent aussi avoir un impact sur la performance énergétique du bien.
- La rénovation engagée doit ainsi conduire à une diminution de la consommation énergétique du logement rénové d'au moins 30% par rapport à sa consommation en énergie primaire avant les travaux pour une maison, (ou d'au moins 20%, si le logement se trouve dans un bâtiment d'habitation collectif - copropriété).
- Le logement, une fois rénové, devant avoir une consommation conventionnelle en énergie primaire inférieure à 331 kWh/m2/an (s'agissant du chauffage, de l'eau chaude sanitaire et du refroidissement).
- Á défaut d'atteindre le niveau de réduction de consommation énergétique de 20% ou 30%, le logement rénové peut aussi être éligible à l'avantage fiscal, si après travaux, il respecte les exigences de performances énergétiques pour au moins 2 des 5 catégories suivantes (bouquet de travaux d'amélioration à réaliser) :
  - Isolation de la toiture. - Isolation des murs extérieurs. - Isolation des fenêtres. - Système de chauffage. - Système de production d'eau chaude sanitaire (ces actions d'amélioration de la performance énergétique doivent permettent d'atteindre une consommation conventionnelle en énergie primaire inférieure à 331 kWh/m2/an).
- Le propriétaire doit réaliser 2 diagnostics de performance énergétique (DPE) :
  - Un DPE avant les travaux. - Puis, un second DPE une fois les travaux achevés, pour prouver, en cas de contrôle fiscal, qu'il a bien rempli toutes les exigences de la loi.
- Les **travaux de rénovation** (25 % du coût total de l'opération ou 33 % du PA), bénéficient du taux de TVA réduit à 5.50% ou 10% selon qu'ils concernent l'amélioration énergétique ou non et doivent être réalisés par un artisan ayant le label RGE.

L'USUFRUIT LOCATIF SOCIAL

Objectifs :

- Démembrement temporaire du droit de propriété.
  - **La nue-propriété** appartient à des **investisseurs privés** qui financent la construction sans prêt aidé.
  - **L'usufruit** est acquis par un **bailleur social** qui perçoit les loyers et assure l'entretien du bien.
- La **convention d'usufruit** est établie pour une durée minimale de **15 ans**.
- **Á l'échéance** de la convention des 15 ans, le **nu-propriétaire** récupère la **pleine propriété** du bien.
- L'usufruit locatif social permet donc d'investir dans un immeuble pour un montant de 50 à 60 % de sa valeur réelle, en **franchise d'IFI** sur la période de location.

Déduction des intérêts d'emprunt :

- Pour toutes les opérations d'investissement réalisées à compter du 1er Janvier 2006, les intérêts d'emprunts (+ frais annexes) sont **déductibles** des **autres revenus fonciers bruts (RFB)** de l'investisseur, à condition que le bailleur social (l'usufruitier) soit un organisme d'habitations à loyer modéré, d'un organisme disposant d'un agrément spécifique, ou une société d'économie mixte.

DÉPENSES DES GROSSES RÉPARATIONS Á LA CHARGE DES NUS-PROPRIÉTAIRES

Á COMPTER DE 2017

Immeuble donné en location :

- Lorsque l'usufruitier met l'immeuble en location et qu'il déclare les loyers dans la catégorie fiscale des Revenus Fonciers (RF), **le nu-propriétaire** peut déduire le montant des travaux qu'il a supportés de ses propres revenus fonciers, même si les loyers encaissés de l'immeuble objet des travaux sont imposables par l'usufruitier, et donc avoir un déficit foncier (sauf si les grosses réparations sont dues à un défaut d'entretien de l'usufruitier).
- S'il ne dispose pas de revenus fonciers, ou si ceux-ci sont insuffisants, il constatera un **déficit foncier** imputable sur son revenu global à hauteur de **10.700 €**, l'excédent étant reportable pendant 10 ans sur des revenus fonciers nets positifs à venir.

Immeuble démembré non loué :

- En revanche, à défaut de location de l'immeuble, le nu-propriétaire ne peut pas pratiquer la moindre déduction.

Á noter :

- Le régime optionnel, qui permettait au nu-propriétaire d'imputer de son Revenu Brut Global jusqu'à 25.000 € de grosses réparations (que l'immeuble soit loué ou non), est supprimé pour les dépenses engagées à partir de 2017.
- Du 01/01/2009 au 31/12/2016, ces **dépenses** étaient directement **déductibles** du Revenu Brut Global (**RBG**) du **nu-propriétaire**, dans une **limite annuelle de 25.000 €,** sans condition de location.
- Si la limite des 25.000 € était dépassée, la fraction de dépenses excédentaire était reportable, dans les mêmes conditions, au titre des dix années suivantes. (Report maintenue pour les années à venir).
- La **suppression de la condition relative à la location de l'immeuble** permettait aux nus-propriétaires de **déduire, les dépenses de grosses réparations** qu'ils supportent, **quelle que soit l'affectation de l'immeuble** : location, occupation par l'usufruitier ou par le nu-propriétaire, mise à disposition à titre gratuit.
- Le démembrement devait résulter soit d'une succession, soit d'une donation effectuée sans charge ni condition, consentie entre parents jusqu'au 4e degré inclus.

LOCATION-ACCESSION : AIDER LES ENFANTS Á INVESTIR DANS L'IMMOBILIER EN DÉFISCALISANT

La location-accession, ou LOA immobilière est un dispositif juridique qui permet à un locataire d'accéder à la propriété en deux temps :

- **Dans une première période**, dont la durée peut être librement définie entre le propriétaire de l'immeuble et le candidat locataire en accession à la propriété, l'occupant du logement est locataire.
- Il paye tous les mois, une redevance au propriétaire de l'immeuble. Cette redevance est composée d'un loyer + un complément qui constitue une partie du paiement anticipée du prix de vente (Objectif de la location accession : Le locataire doit devenir le propriétaire occupant de la maison ou de l'appartement qu'il occupe).
- **Dans une seconde période**, au terme de la première période de location, l'occupant se voit proposer la possibilité de devenir propriétaire du logement qu'il occupe. Les modalités de cette option d'achat auront été fixées lors de l'entrée dans les lieux de locataire, lors de la signature du contrat de location-accession.
- Le prix de vente final à payer tiendra compte des sommes déjà versées par le locataire pendant la première période.

Dans le cadre d'une opération familiale, une location-accession pour aider ses enfants à acheter leur maison ou leur appartement se déroulera en 4 étapes :

- Les parents achètent la maison neuve (ou achètent un terrain sur lequel ils font construire la maison des enfants).
- Ensemble, parents et enfants, signent un contrat de location-accession dans lequel, le loyer, les modalités du paiement anticipé du prix de vente, la durée, et surtout le prix de vente de l'immeuble seront définis.
- Durant la durée fixée par le contrat, les parents seront propriétaires bailleurs, et les enfants, locataires, devront verser un loyer aux parents, ainsi qu'un complément de redevance qui sera en réalité un paiement anticipé du prix de vente. Enfin, ce sont les enfants qui devront payer la taxe foncière, mais également toutes les charges de propriété de l'immeuble.
- Au terme du contrat de location-accession, les enfants peuvent devenir propriétaire de leur logement dans les conditions fixées initialement dans le contrat de location accession sous déduction du paiement anticipé compris dans la redevance mensuelle.

La location-accession, n'est pas une donation rapportable :

- D'un point de vue civil, la location accession n'est pas une donation ou un avantage rapportable à la succession pour assurer l'équilibre de la transmission entre les frères et sœurs, dès lors que le contrat de location-accession est équilibré (Prix de vente fixé initialement).

ACHETER UN BIEN IMMOBILIER EN VIAGER

Fonctionnement du viager :

- Acheter en viager consiste à acheter le bien immobilier d'une personne et à lui verser en retour un capital, appelé bouquet, et une rente jusqu'à son décès.
- L'acheteur fait un pari sur l'avenir car le prix du bien dépend de la longévité du vendeur : plus le vendeur vit longtemps, plus le prix du bien augmente.

Viager occupé :

- Jusqu'à la fin de sa vie, le vendeur continue à habiter son logement (principale ou secondaire) et reçoit une rente améliorant ses revenus.
- Au décès du vendeur, l'acheteur devient pleinement propriétaire du bien.

Viager libre :

- Le bien est vendu libre de tout occupant et est immédiatement disponible.
- L'acheteur peut le louer et ses loyers lui permettent ainsi de compenser la rente qu'il verse à l'acheteur. Il peut également décider d'habiter le bien.
- Le bouquet et la rente pour un viager libre sont plus élevés que pour un viager occupé.
- Formule adaptée aux vendeurs qui quittent leur logement pour entrer en maison de retraite par exemple et qui ont un besoin de revenu important.

Le viager sans rente pour réduire l'IFI :

- Le bien immobilier peut être cédé en échange du seul bouquet, sans versement de la rente. L'opération correspond à un achat en nue-propriété.
- Le vendeur conserve l'usufruit du bien et peut continuer d'y vivre ou le louer.
- L'acheteur acquiert la nue-propriété du bien exonéré d'IFI.
- Au décès du vendeur, l'acheteur récupère la pleine propriété du bien.

Clauses :

- Les termes du viager sont librement définis par les parties avec peu d'obligations.
- Le plus souvent, l'acheteur assume les charges importantes (grosses réparations, ravalement, etc.) et règle la taxe foncière, et le vendeur assume l'entretien, les dépenses courantes du logement et la taxe d'habitation.

Prix du viager : Calcul du bouquet et de la rente :

- La somme des rentes sur la durée de vie supposée du vendeur ajoutée au bouquet doit à peu près correspondre à la valeur du bien sur le marché à la date de signature du contrat. Plus le bouquet est important, plus la rente sera faible et inversement.
- Il est d'usage que le bouquet représente de 20 à 30% de la valeur du bien.
- Dans le cas d'un viager occupé, il faut enlever de la valeur restante le montant des loyers qui seraient normalement dus par le vendeur s'il louait ce bien.

- La rente est calculée en fonction de l'espérance de vie du vendeur, fixée par les tables de mortalité établies par l'Insee. Plus le vendeur est jeune, plus son espérance de vie est élevée et plus sa rente sera faible.

Exemple : calcul du bouquet et de la rente pour un viager occupé :

- Valeur du bien immobilier : 200.000 €.
- Valeur locative : 600 € par mois.
- Vendeur : Femme de 82 ans.
- Bouquet : 30 % du bien, soit : 60 000 €.
- Rente : 840 € par mois.
- La valeur de la rente est calculée sur la valeur restante:
  - Valeur du bien sur le marché MOINS le bouquet MOINS le montant des loyers qui seraient normalement dus par le vendeur.
- Montant des loyers qui seraient normalement dus par le vendeur :
  - Loyers annuels x Espérance de vie du vendeur :
  - (600 € x 12) x 10 ans = 72.000 €.
  - Valeur restante = 200.000 € - 60.000 € - 72.000 € = 68.000 €.
  - La rente versée au vendeur, calculée sur la base de la valeur restante (68.000 €), est de : 840 € par mois.

Avantages pour l'acheteur :

- Pour l'acheteur, acheter un bien en viager est un placement de long terme qui convient parfaitement à la constitution d'une épargne en préparation de la retraite.
- Mais investir en viager nécessite de disposer de suffisamment de liquidités pour verser les rentes au vendeur sur toute la durée du viager.
- En cas de non-paiement de la rente, le vendeur peut annuler la vente et récupérer son bien sans verser aucune indemnité.

Les avantages pour le vendeur :

- Les avantages du viager pour le vendeur dépendent de ses besoins et de sa situation.
- Le viager présente de réels avantages pour le vendeur qui n'a pas d'héritier, ou qui ne souhaite pas transmettre son bien immobilier, ou s'il souhaite s'assurer des revenus :
  - Il sera logé et percevra un revenu complémentaire jusqu'à la fin de sa vie.
  - Il pourra financer le coût d'une maison de retraite en cas de dépendance.
- Pour un couple, il est également possible de prévoir qu'en cas du premier décès, le conjoint survivant puisse percevoir la rente jusqu'à son décès. Dans ce cas, la rente est moins importante puisque l'acquéreur devra payer plus longtemps.
- Il également possible d'organiser le versement d'une rente pour un enfant handicapé.

CROWDFUNDING ET INVESTISSEMENT IMMOBILIER

Des plateformes proposent de cofinancer un programme immobilier ou de réaliser un investissement locatif à plusieurs. Si les rendements sont élevés, les risques également.

Participer au financement des programmes des promoteurs :

- Formule la plus fréquente avec des rendements de 8 à 12 %, pour 500 € à 2.000 € de mise minimale, sur une durée comprise entre 12 et 36 mois. (5.000 € si aucun intérêt)
- Le budget de la promotion immobilière est composé, pour 50 %, de ventes des logements en état futur d'achèvement, 35 à 40 % d'un emprunt bancaire et, pour 10 à 15 %, d'un apport en fonds propres.

Rendement non garanti :

- Le budget initial est souvent dépassé et certains logements ne se vendent pas, d'où un allongement de la durée de l'investissement et une réduction de la rentabilité, voire, une perte en capital.
- Aussi, les plateformes proposent d'investir dans des obligations ou actions émises par une société holding ayant le statut de SAS, qui apporte les fonds à la SCCV, (Société Civile de construction Vente), en limitant le risque de perte de mise de fonds initiale.
- Les coupons d'obligations relève du PFU ou de l'option à l'IR selon la TMI, plus les prélèvements sociaux de 17,20 %.
- Les dividendes d'actions, sont soumis au PFU (sur 100 %) ou sur option, à l'IR après un abattement de 40 %, plus prélèvements sociaux sur 100 % des dividendes.
- La vente des titres à terme, relève de la fiscalité sur les plus-values sur valeurs mobilières, donc celle du PEA si les actions sont dans le PEA.

Investissement locatif devenir propriétaire :

- Des plateformes proposent financer à plusieurs l'achat d'un bien immobilier, en devenant copropriétaire pour un investissement minimal compris entre 2.000 € et 10.000 € avec des rendements avant impôts de 4 à 7 %.
- Pour chaque bien immobilier, l'acquisition s'effectue via SCI codétenue par les investisseurs et gérée par la plateforme. Une fois le bien loué, chacun perçoit sa quote-part de loyer, imposée à l'IR au titre des revenus fonciers. (+ PS).
- Les principales décisions se prennent lors de l'AGO de la SCI, à la majorité.

Á noter :

- Les plateformes doivent avoir le statut de CIP, (Conseiller en Investissement Participatif), mais ne sont pas règlementées, et peuvent proposer des projets jusqu'à 2,5 Millions d'€, y compris en Minibons.

LES PLUS-VALUES IMMOBILIÈRES

CALCUL à compter du 1er Septembre 2013 :

Prix de vente net encaissé
Moins
Prix d'achat + Frais (réels ou forfait de 7,5 % (frais réels si donation/succession et si SCI /SCPI) + Frais de viabilisation des terrains à bâtir (voirie - raccordements - ...).
= **S/T Plus-Value Immobilière.**
Moins : pour tout bien (à l'exception des terrains et parts de SCI ou SCPI), détenu depuis plus de 5 ans : **Les travaux** d'agrandissement, de reconstruction, d'amélioration, (coûts réels des travaux et matériaux achetés et facturés exclusivement par un professionnel, **ou** évalués forfaitairement à 15 % du prix d'achat du bien immobilier en l'absence de justificatifs **si** le bien est détenu depuis **plus de 5 ans**, même si Micro-foncier). (*Sauf si déjà déduits des revenus fonciers antérieurs*).
= **S/T Plus-Value Immobilière.**

Moins :

- Un abattement de **6 % par an de la 6ème année à la 21ème année. (Soit 96%).**
- Un abattement de **4 % la 22ème année.**
- Soit une **exonération** totale au-delà de **22 ans**.

Cet abattement s'applique par année anniversaire (date à date) sans prorata temporis.

= **PLUS-VALUE IMMOBILIÈRE IMPOSABLE à l'IR** à taux fixe de **19 %.**

Prélèvements sociaux (**Á l'exception** des personnes bénéficiant d'une protection sociale hors de France - Non-résidents et Frontaliers) :
Abattement différents pour le montant soumis aux prélèvements sociaux à **17,2 %** :

- Un abattement de **1,65 % par an de la 6ème année à la 21ème année**. (= 26,4%).
- Un abattement de **1,60 % la 22ème année**. (= 28 %).
- Un abattement de **9 % par an de la 23ème année à la 30ème année**. (= 72 %).
- Soit une **exonération** totale au-delà de **30 ans**.

Taxe sur les plus-values immobilières au-delà de 50.000 € :

- En sus de l'impôt à taux fixe de 19 %, les plus-values de biens immobiliers autres que les terrains à bâtir subissent une **taxe supplémentaire à compter du 01/01/2013** :

Montant de la plus-value imposable :	**Taux de la taxe :** (PV = Plus-value)
De 50.001 à 60.000 € :	2 % PV - (60.000 € - PV) x 1/20
De 60.001 € à 100.000 € :	2 %
De 100.001 € à 110.000 € :	3 % PV - (110.000 € - PV) x 1/10
De 110.001 € à 150.000 € :	3 %
De 150.001 € à 160.000 € :	4 % PV - (160.000 € - PV) x 15/100
De 160.001 € à 200.000 € :	4 %
De 200.001 € à 210.000 € :	5 % PV - (210.000 € - PV) x 20/100
De 210.001 € à 250.000 € :	5 %
De 250.001 € à 260.000 € :	6 % PV - (260.000 € - PV) x 25/100
Supérieur à 260.000 € :	6 %

C'est le notaire qui détermine la plus value immobilière nette imposable lors de la vente et qui règle, dans les 2 mois qui suivent la signature de l'acte, l'impôt, avant même le versement du prix de vente au vendeur.

- En revanche, si vente sous seing privé, c'est au vendeur d'effectuer la déclaration et le paiement de l'impôt sur la plus value, au fisc, dans le mois qui suit la vente.
- Les **moins-values** d'une cession de biens ou de droits immobiliers **ne s'imputent pas** sur les plus-values de même nature, sauf si vente en bloc d'un immeuble (ou de parts d'une même S.C.I. ou d'une même S.C.P.I., acquises par fractions successives).

LES EXONÉRATIONS POSSIBLES :

- La résidence principale effective du cédant au moment de la vente. (Sauf si le fisc assimile la plus-value à une opération dite de « marchand de biens »).
- Cette exonération en faveur des **couples mariés, pacsés ou concubins**, s'applique :
  - Aux immeubles cédés en cours de construction et destinés à devenir la RP, si le couple était locataire durant la construction et vente résultant d'une mutation professionnelle, ou pour cause d'invalidité (de 2ème ou 3ème catégorie), ou de décès.
  - Aux immeubles cédés qui constituaient la résidence principale lors de leur séparation (délai maximal d'un an entre la séparation et la vente).
  - Aux immeubles qui constituaient la résidence principale d'un contribuable incarcéré, et non donnés en location après son incarcération.
- Ventes inférieures à 15.000 €, **cession par cession**, de parcelles ou de lots, adjacentes ou non, à des acheteurs différents ou non adjacentes à un même acheteur
- Vente de tout bien immobilier, dont la quote-part indivise, **par propriétaire,** est **inférieure à 15.000 €**, et ce, même en régime de communauté légale. (Soit 30.000 € pour un couple ou pacsé). Sauf parts de SCPI et parts de SCI. Et ce, bien par bien.
- Ventes immobilières réalisées par des personnes de **plus de 65 ans** retraitées, **non passibles de l'IFI**, et dont la cotisation d'IR n'est pas recouvrable avant imputation des P.V.I. (RFR de n-2 soit celui de 2017 pour les ventes en 2019 inférieur à 10.815 € pour la 1^{ère}part de quotient familial majoré de 2.888 € par $\frac{1}{2}$ part supplémentaire).
- Pour les personnes **retraitées ou invalides**, résidant en maison de retraite ou dans un établissement spécialisé, **vente** de leur résidence principale dans un **délai < à 2 ans** suivant leur entrée dans l'établissement, et non occupé (libre) jusqu'à la vente, si, pour une vente réalisée en 2019, le RFR n-2 (2017) est, inférieur à : 25.432 € pour la 1ère part + 5.942 € pour la 1ère demi-part supplémentaire (Et non redevable de l'IFI).
- **1ère cession** d'une résidence autre que la principale, quand le cédant est **locataire** de sa résidence principale depuis **au moins 4 ans**, à condition de **réinvestir** **<u>le prix de cession</u>** dans l'acquisition ou construction de sa **résidence principale** dans un délai de **24 mois.** (Il devra mentionner dans sa 2042 cette plus-value exonérée). La fraction du prix de cession non réinvestie sera taxée en plus-value immobilière.

À noter :

- Le **prix d'acquisition à titre gratuit** (donation – succession) retenu pour le calcul de la plus-value immobilière, est celui qui a servi de base à la liquidation des droits de succession ou de donation. (Idem que pour les plus-values sur valeurs mobilières) En tenant compte des droits de mutation, des frais d'actes, de déclaration, de timbres et de publicité foncière, minorés des différents abattements possibles tel que celui de 20 % sur la résidence principale du défunt.
- **Lorsque** la cession porte sur un bien, ou des titres de SCI, ou un droit immobilier, dont **le <u>droit de propriété est démembré, à la suite uniquement d'une succession</u>** intervenue avant le 1er janvier 2004, le **prix d'acquisition** doit obligatoirement être déterminé en appliquant le **barème fiscal actuel en vigueur** depuis le 01/01/2004.
- Ainsi, pour déterminer la valeur respective de l'usufruit et de la nue-propriété, l'âge de l'usufruitier sera apprécié à la date de cession.
- Ce nouveau calcul du prix d'acquisition s'applique :
  - Aux cessions à titre onéreux portant sur l'usufruit du bien, > au 01/01/2004.
  - Aux cessions à titre onéreux portant sur la nue-propriété du bien, > au 01/01/05.
- Pour les ventes dont le **droit de propriété est démembré**, le **seuil des 15.000 €** s'apprécie au regard de **chaque quote-part indivise en pleine propriété**.
- **Exemple** : un bien démembré est cédé en 2019 pour 30.000 €.
  - La nue-propriété est évaluée par le notaire à 14.500 €.
  - La nue-propriété est détenue en indivision à 2 pour 30 % par A et 70 % pour B. A est exonéré (30.000 € x 30 %) et B est imposable (30.000 € x 70 %).
- Les **frais de voirie, réseaux et distribution**, acquittés par le cédant, peuvent être ajoutés au prix d'acquisition, sans condition particulière.
- Les **plus-values immobilières** réalisées en France par des personnes physiques qui résident dans un pays de l'Union Européenne autre que la France (**non-résidents**), **sont exonérées à hauteur de 150.000 €** (après abattements) sur la cession **d'une seule et unique résidence par contribuable**, à condition que :
  - Le cédant était domicilié fiscalement en France, dans cette habitation, pendant au moins 2 ans, à un moment quelconque, antérieurement, même si ensuite il a été mis en location.
  - La cession doit intervenir au plus tard le 31 Décembre de la 5ème année suivant le transfert du domicile fiscal hors de France. (Ou, sans condition de délai, si le cédant a la libre disposition depuis au moins le 1er janvier de l'année précédente).
- Depuis la LDF 2019, les contribuables qui quittent la France bénéficient de l'exonération au titre de la cession de leur résidence principale, s'ils cèdent leur bien dans un délai d'un an et s'il n'a pas été mis à la disposition de tiers, à titre gratuit ou onéreux, entre le transfert et la cession.
- **Les non-résidents**, dès la vente de leur 2ème bien immobilier situé en France, subissent une taxation de **19 %**, unique pour tous, depuis le 01/01/2015, (suite à l'annulation par le Conseil Constitutionnel de la taxation à 75 %).

Á noter :

- Concernant le prix d'acquisition, notamment lors d'une succession, possibilité pour la personne ne pouvant pas justifier la valeur du bien reçu de longue date, de prendre la valeur vénale à la date de la succession.
- Le paiement de la plus-value est effectué par le notaire dans un délai d'un mois, sauf en cas d'adjudication où l'ancien délai de 2 mois est maintenu.
- Pour les cessions de parts de SPI réalisées à l'étranger, obligation de passer devant notaire exerçant en France, afin de payer les droits d'enregistrement par l'acheteur ainsi que l'éventuelle taxation aux plus-values immobilières par le vendeur.
- Le régime d'abattement (hors celui des 25 %) s'applique aux plus-values réalisées au titre des cessions en cas d'apport de biens immobiliers ou de droits sociaux relatifs à ces biens immobiliers à une société dont la personne à l'origine de l'apport, son conjoint, leurs ascendants et leurs descendants ou un ayant droit à titre universel de l'une ou de plusieurs de ces personnes est un associé ou le devient à l'occasion de cet apport. Un propriétaire souhaitant effectuer l'apport d'un bien immobilier à une **SCI familiale** sera imposé sur la plus-value selon les dispositions de droit commun.

Définition de la résidence secondaire :

- En fiscalité, on entend par résidence secondaire **un bien immobilier qui n'est habité que temporairement. (durée n'excédant pas 8 mois par an).**
- **Selon la définition de l'Insee, « une résidence secondaire est un logement utilisé pour les week-ends, les loisirs ou les vacances**.
- Les logements meublés loués (ou à louer) pour des séjours touristiques sont également classés en résidences secondaires.
- Une résidence principale est un logement occupé de façon habituelle et à titre principal par une ou plusieurs personnes qui constituent un ménage.

Exonération de la plus-value en cas de cession à des bailleurs sociaux :

- Exonération de la PVI, du 01/01/2014 au 31/12/2016, pour les propriétaires cédant leur bien immobilier (bâti ou non bâti), ou les droits relatifs à ce bien, au profit :
    - D'organismes en charge du logement social. (HLM – Sté économie mixte - ...).
    - D'une collectivité territoriale, d'un établissement public de coopération intercommunale compétent, ou d'un établissement public foncier, en vue d'une rétrocession à l'un des organismes en charge du logement social, dans les 3 ans.
    - D'un acquéreur prenant l'engagement de construire des logements sociaux.

Prélèvements sociaux des non-résidents :

- Les non-résidents relevant d'un régime de SS au sein de l'Espace Economique Européen ou de la Suisse sont exonérés de CSG et CRDS à condition qu'elles ne soient pas assujetties à un régime obligatoire de sécurité sociale français.
- En revanche elles restent soumises au prélèvement de solidarité de 7,5%.

CALCUL SIMPLIFIÉ DE LA PLUS-VALUE IMMOBILIÈRE

Prix de vente	
Moins	
Prix d'achat plus frais à 7,5 % ou frais réels (obligatoires si SCI/SCPI ou Succession/donation)	
=	
S/T de Plus-value Immobilière	

Bien détenu depuis :

MOINS DE 5 ANS	
S/T de PVI	
Moins	
Travaux Réels	
=	
PVI taxable	
Impôt = PVI x 19 % + les Prélèvements Sociaux	

PLUS DE 5 ANS	
S/T de PVI	
Moins	
Travaux (réels ou 15 % du PA)	
=	
S/T de PVI.	
Moins	
Abattement de : Pour l'impôt à taux fixe de 19 % : 6 %/an de la 6ème année à la 21ème année. 4 % la 22ème année. Exonération totale au-delà de 22 ans.	Prélèvements Sociaux 1,65 %/an de la 6ème à la 21ème année. 1,60 % la 22ème année. 9%/an de la 23ème à la 30ème année. exonération > 30 ans.
PVI taxable	
Impôt = PVI x 19 % + Les Prélèvements Sociaux + Taxe sur les PVI sup. à 50.000 €	

Montant de la plus-value imposable :	Taux de la taxe : (PV = Plus-value)
De 50.001 à 60.000 € :	2 % PV - (60.000 € - PV) x 1/20
De 60.001 € à 100.000 € :	2 %
De 100.001 € à 110.000 € :	3 % PV - (110.000 € - PV) x 1/10
De 110.001 € à 150.000 € :	3 %
De 150.001 € à 160.000 € :	4 % PV - (160.000 € - PV) x 15/100
De 160.001 € à 200.000 € :	4 %
De 200.001 € à 210.000 € :	5 % PV - (210.000 € - PV) x 20/100
De 210.001 € à 250.000 € :	5 %
De 250.001 € à 260.000 € :	6 % PV - (260.000 € - PV) x 25/100
Supérieur à 260.000 € :	6 %

Tableau des taux d'abattement par durée de détention :

Durée de détention de l'immeuble	IR à Taux fixe de 19%	Prélèvements sociaux à 17,2 %
Moins de 6 ans :	Pas d'Abattement	Pas d'Abattement
Entre 6 à 7 ans :	6 %	1,65 %
Entre 7 à 8 ans :	12 %	3,30 %
Entre 8 à 9 ans :	18 %	4,95 %
Entre 9 à 10 ans :	24 %	6,60 %
Entre 10 à 11 ans :	30 %	8,25 %
Entre 11 à 12 ans :	36 %	9,90 %
Entre 12 à 13 ans :	42 %	11,55 %
Entre 13 à 14 ans :	48 %	13,20 %
Entre 14 à 15 ans :	54 %	14,85 %
Entre 15 à 16 ans :	60 %	16,50 %
Entre 16 à 17 ans :	66 %	18,15 %
Entre 17 à 18 ans :	72 %	19,80 %
Entre 18 à 19 ans :	78 %	21,45 %
Entre 19 à 20 ans :	84 %	23,10 %
Entre 20 à 21 ans :	90 %	24,75 %
Entre 21 à 22 ans :	96 %	26,40 %
Entre 22 à 23 ans :	100 %	28 %
Entre 23 à 24 ans :	EXONÉRATION	37 %
Entre 24 à 25 ans :		46 %
Entre 25 à 26 ans :		55 %
Entre 26 à 27 ans :		64 %
Entre 27 à 28 ans :		73 %
Entre 28 à 29 ans :		82 %
Entre 29 à 30 ans :		91 %
Plus de 30 ans :		EXONÉRATION

Plus-values sur les biens meubles :

- Sauf exonération, les cessions à titre onéreux de biens meubles effectuées par les particuliers sont imposées à l'IR à taux fixe de **19 %**, plus prélèvements sociaux.
- Pour les ventes réalisées à compter du 01/01/2014, la plus-value brute est **diminuée** de **5 %** par année de détention, au-delà de la 2ème année, d'où une **exonération** d'impôt au-delà de **22 ans**, (contre 12 ans jusqu'au 31/12/2013, avec abattement de 10 %/an).
- Pour les **cessions de métaux précieux**, bijoux, objets d'art, d'antiquité ou collection, la **taxe forfaitaire** est de **11 % à partir de 2018** (7,5 % en 2013) pour les métaux précieux et de **6 %** (4,5 % en 2013) + 0,5 % de CRDS sur les autres. Mais, ces cessions peuvent sur option (CERFA n° 2092-SD) bénéficier du régime des plus-values (avec exo > à 22 ans) si facture d'achat avec date et prix d'acquisition.
- Les non-résidents en sont exonérés.

LA VENTE Á RÉMÉRÉ

La vente à réméré est une vente avec faculté de rachat éventuelle :

- Le réméré est le plus souvent utilisé comme un outil permettant de restructurer les dettes des particuliers.
- C'est une alternative au rachat de crédit par les sociétés privées.
- Elle s'adresse à des personnes propriétaires de leur bien immobilier, en situation d'endettement ou ayant des difficultés importantes de trésorerie, et souvent fichées en Banque de France.
- Elle permet d'éviter une saisie judiciaire du bien et sa vente aux enchères.

Le principe du réméré :

- Le réméré est un contrat de vente, établit devant notaire, garantissant au vendeur la possibilité de racheter son bien ultérieurement.
- Mise en place d'un contrat d'occupation des lieux avec l'acquéreur en payant des indemnités d'occupation.
- Dans un contrat de réméré, il n'y a pas de bail ni de loyer, mais un contrat d'occupation des lieux (ou de convention d'occupation précaire) avec indemnités d'occupation.
- La vente à réméré comporte **3 phases :**
  - Recherche d'un investisseur et vente du bien à cet investisseur.
  - Occupation du bien et apurement de la situation financière.
  - Rachat effectif du bien.
- S'il est mené à bien, le réméré aura permis à un débiteur de protéger son patrimoine et son niveau de vie, tout en restant discret, vis-à-vis de ses proches et de son voisinage, sur sa situation personnelle.

Le rachat du bien vendu en réméré :

- Lorsque la situation du vendeur est assainie, qu'il a remboursé ses dettes et qu'il n'est plus fiché BdF, il a la possibilité de contracter de nouveau un crédit pour racheter son ancien bien immobilier.
- S'il n'exerce pas son droit de rachat dans les délais fixés par le contrat, le nouveau propriétaire devient le propriétaire définitif et peut donner congé au vendeur.

Préparer la vente à réméré :

- Le débiteur peut organiser lui-même une vente à réméré en faisant appel à son notaire et à un investisseur, ou par une société spécialisée qui évaluera la situation financière du débiteur et vérifiera si la vente à réméré est adaptée.
- Puis, la société présente au débiteur une proposition chiffrée comprenant la durée du réméré (de 6 mois à 5 ans maximum), le montant mensuel de l'indemnité d'occupation (loyer), le prix fixé pour l'achat du bien (généralement de 50 à 70% de la valeur expertisée). La faculté de rachat ne peut être stipulée pour un terme excédant **5 années**. Si elle a été stipulée pour un terme plus long, elle est réduite à ce terme.
- Toutes les conditions pour la vente et le rachat futur sont fixées à l'avance. Le taux retenu pour calculer la marge de l'investisseur est fixé sur le TMM.
- Préparation des actes notariés, puis signature de l'acte authentique par les parties et règlement des créances par le notaire. Le vendeur devient donc locataire de son bien et s'acquitte d'une indemnité d'occupation (en général de l'ordre de 1 % du prix d'achat, mensuellement.
- Avec cette vente, une somme d'argent sera conservée par le notaire au titre de séquestre ou de dépôt de garantie, en vue de garantir le rachat. Cette somme sera utilisée comme apport personnel pour le financement du rachat.

Exemple :

- Un client possède sa résidence principale estimée à 150.000 €. Il a 50.000 € de dettes, avec des difficultés à honorer ses échéances et est fiché Bdf.
- Ne pouvant avoir droit à une restructuration de ses crédits à cause de son fichage, il ne peut rembourser ses prêts et la justice pourrait effectuer une saisie immobilière. D'où la mise en place d'une vente à réméré.
- L'investisseur applique une décote sur la valeur du bien dans son prix d'achat, pour s'assurer une sécurité, car se retrouvant propriétaire d'un bien sans l'assurance de pouvoir le revendre au prix de revient, dans l'éventualité où le client serait pas en mesure d'acquérir à nouveau le bien.
- Ainsi ce bien est acheté à 92.000 €, plus 8.000 € de frais d'acte et d'emprunt, soit un montant total net de 100.000 €.
- Le client touchera le solde de l'opération. C'est à dire le montant de la vente à 92.000 € sur lequel, il faudra déduire :
  - 50.000 € pour le remboursement de ses dettes.
  - 25.000 € pour constituer le dépôt de garantie qui sera utilisé plus tard pour le rachat de son bien. Plus La rémunération de la société spécialisée.
- La période de réméré est fixée à 2 ans. Un contrat d'occupation des lieux est établi prévoyant une indemnité d'occupation de 1.000 € par mois. Le client devient « simple occupant ». Ce n'est pas un contrat de bail.
- Les dettes sont remboursées, la saisie arrêtée et les fichages supprimés.

LES PRÉLÈVEMENTS SOCIAUX

Sont assujetties aux prélèvements sociaux, les personnes physiques considérées comme fiscalement domiciliées en France, pour l'établissement de l'impôt sur le revenu.
Les personnes bénéficiant d'une **protection sociale hors de France** (Non-résidents et Frontaliers), **ne sont plus assujettis aux prélèvements sociaux**, pour leurs revenus et plus-values du patrimoine, depuis le 26 Février 2015.

Ils s'appliquent sur les revenus du patrimoine et assimilés, et comprennent :

- La contribution sociale généralisée : **CSG**. Taux : (9,9 % jusqu'en 2018) : **9,2 %.**
- La contribution au remboursement de la dette sociale : **CRDS**. Taux : **0,5 %.**
- Le **prélèvement de solidarité**, depuis 2019 : **7,5 %.**

Soit un **total** de **17,2 % à compter du 01/01/18**, sur les revenus du patrimoine.

Revenus du patrimoine et assimilés, exonérés de prélèvements sociaux :

- Livret A. - Livret jeune. - Livret d'épargne Entreprise. - L.D.D. - L.E.P.

Déductibilité :

- La CRDS, le prélèvement social, la contribution additionnelle et le prélèvement de solidarité, ne sont pas déductibles.
- En revanche, **6,8 % de la CSG sont déductibles** en 2019, (Contre 5,1 % en 2017), soit le même taux de déductibilité que celui des revenus d'activité, sous conditions, **du RBG de l'année suivante celle de son paiement**.
- Sauf pour les non-résidents.
- Pour être **déductibles**, les revenus du patrimoine et assimilés doivent être **déclarés dans la 2042** et **soumis au barème** progressif **de l'IR. (Et donc, renoncer au PFU).**

La CSG est déductible à hauteur de 6,8 %, à compter de 2018, contre 5,1 % de 2013 à fin 2017 :

- Sur les revenus distribués, (Dividendes), les produits de placement à revenu fixe, ainsi qu'aux plus-values sur valeurs mobilières, **si le contribuable renonce expressément au PFU, pour l'ensemble** de ces revenus cités, et non au cas par cas.

Á noter :

- Les prélèvements sociaux ne sont pas recouvrables si leur montant global est inférieur à **61 €.** (Ce seuil est bien distinct de celui de la franchise d'impôt).
- **Les prélèvements sociaux s'appliquent sur les dividendes bruts** perçus, avant le taux de réfaction de 40 %. (Base identique pour le PFU).
- Il en est de même pour les produits d'assurance-vie et assimilés (bons et contrats de capitalisation) au delà des 8 ans : avant l'abattement des 4.600 € ou 9.200 €.

En revanche, non déductibilité de la CSG à hauteur de 6,8 %, à compter de 2018, pour les revenus du patrimoine et assimilés suivants :

- Les plus-values immobilières (PVI). Car soumis à un impôt à taux fixe (19 %).
- Les placements à revenu fixe imposés au PFU de 30 % (12,8 % + 17,2 %), et donc non soumis au barème progressif de l'IR.
- Le plan d'épargne logement (PEL) de moins de 12 ans, ouvert jusqu'au 31/12/2017 – le Compte épargne logement (CEL) ouverts < 2018 – le plan d'épargne populaire (PEP) – le plan d'épargne en action (PEA) - … car non soumis à l'impôt.
- L'épargne solidaire, imposée au taux forfaitaire et obligatoire à 5 %.
- Bons - contrats de capitalisation et produits d'assurance-vie, car non soumis à l'impôt : tant IR que PFL, durant leur phase d'épargne. Et pour ceux, en cas de retrait, étant soumis au PFU.
- Les revenus payés dans un État ou territoire non coopératif (PFL à 75 %).

Á noter :

- La CSG afférente à l'avantage résultant de plans d'option et d'attribution gratuite d'actions imposé comme une rémunération, sera déductible à hauteur de 6,8 % dès 2018, du revenu imposable de l'année de son paiement, et non pas du montant brut des sommes payées, comme la CSG sur les rémunérations.
- **Les résident fiscaux français travaillant dans un autre état membre de l'UE**, expatriés ou frontaliers, et assujettis à un régime de sécurité sociale dans l'Etat de leur lieu d'activité (y compris la Suisse, la Norvège, l'Islande et le Liechtenstein), **ne doivent plus les prélèvements sociaux français**, tant sur leurs rémunérations que sur leurs produits de placements, depuis le 26 Février 2015.

- **Les non-résidents exonérés de CSG et de CRDS :**
  - À compter de l'imposition des **revenus de 2018**, sont **exonérées de CSG** et **CRDS** les personnes relevant à titre obligatoire de la législation d'un autre État de l'UE, de l'EEE ou de la Suisse en matière d'assurance maladie, **sous réserve** qu'elles ne soient **pas à la charge d'un régime obligatoire de sécurité sociale français**.
  - Contrairement aux résidents fiscaux Français, les non-résidents ne sont pas autorisés à déduire la CSG acquittée au titre de leurs revenus fonciers de source française pour le calcul de leur revenu imposable en France.

- Taux de la **retenue à la source** sur les revenus distribués à des **non-résidents** :
  - Droit commun : 12,8 %. - Dividendes : 12,8 %.

DÉDUCTION DE LA CSG SUR LES REVENUS DU PATRIMOINE ET PLACEMENT :

Fraction de CSG déductible du revenu imposable de l'année de son paiement :

- Sous réserve que ces revenus soient imposés à l'IR/TMI, une fraction de la CSG (6,8 %) acquittée au titre de certains revenus du patrimoine et de placement est déductible du revenu imposable de l'année de son paiement.
- Pour l'imposition des revenus de 2018, il s'agit de la fraction de CSG payée en 2018 au taux de 9,9 % (9,2 % en 2019) et afférente aux revenus du patrimoine de 2017, d'une part, et aux revenus de placement de 2018, d'autre part.
- La CSG sur les revenus du patrimoine concerne, notamment, les revenus fonciers, les plus-values mobilières des particuliers, ainsi que les revenus des BIC, BNC ou BA lorsqu'ils ne sont pas imposés aux prélèvements sociaux sur les revenus d'activité.
- La CSG sur les revenus de placement concerne, notamment, les revenus de capitaux mobiliers (intérêts, dividendes), les plus-values immobilières (Taux 19 %) et sur biens meubles pour lesquelles la CSG n'est pas déductible (imposition au PFU).
- La **CSG** sur des revenus imposés à un **taux fixe**, PFL ou PFU, n'est **jamais déductible**.

Á noter :

- La déduction de la CSG ne peut jamais créer un déficit reportable sur le revenu des années antérieures.

Application aux plus-values mobilières des particuliers :

- L'année au titre de laquelle la CSG est déductible du RBG est l'année qui suit celle où la plus-value est imposée à l'IR/TMI (année de réalisation de la plus-value).
- Pour ces plus-values, il faut donc distinguer :
  - Les plus-values réalisées en 2017 imposées à l'IR/TMI. La CSG acquittée à ce titre en 2018 est déductible, pour 6,8 %, du revenu imposable de 2018.
  - Les plus-values réalisées en 2018 sont imposées au PFU de 12,8 %. En cas d'option globale pour l'IR/TMI, la CSG payée en 2019 au titre de la plus-value réalisée en 2018 est déductible, pour 6,8 %, RBG de 2019. Idem pour les années suivantes.
- **Cas de la CSG acquittée** au titre de l'année d'expiration du **report d'imposition** d'une plus-value placée sous le régime du report d'imposition obligatoire :

Expiration d'une plus-value en report d'imposition obligatoire :		
Date de réalisation de la plus-value :	Taux de CSG	Fraction de CSG déductible
Du 14/11/2012 au 31/12/2012 :	8,2 %	Néant
Du 01/01/2013 au 31/12/2016 :	8,2 %	5,1 points
Du 1er janvier au 31/12/2017 :	9,9 %	6,8 points
À compter du 1er janvier 2018 :	9,2 %	6,8 points

IMPACT DE LA MISE EN PLACE DU PRÉLÈVEMENT Á LA SOURCE :

- Pour les revenus du patrimoine soumis, à compter de Janvier 2019, aux acomptes de prélèvements sociaux à la source (revenus fonciers, revenus relevant des BIC, BNC ou BA et non imposés aux prélèvements sociaux sur les revenus d'activité...), la fraction de CSG afférente aux acomptes d'une année N est déductible du revenu imposable de la même année (N).
- La fraction de CSG liée au solde de régularisation payé, au plus tard en décembre de l'année suivante (N + 1) est déductible du RBG de cette même année (N + 1).

Tableau des principales situations des revenus soumis aux prélèvements sociaux :

CALENDRIER DE DÉDUCTION DE LA CSG		
Nature des revenus :	**CSG payée en :**	**Fraction de CSG déductible du RBG en :**
Revenus fonciers déclarés au titre de :		
• 2017 :	2018	2018
• 2018 :	2019 (CIMR)	2019
• Pour 2019 :		
○ Acomptes mensuels / trimestriels de PAS :	2019	2019
○ Et Solde (entre Septembre et Décembre):	2020	2020
Revenus de capitaux mobiliers perçus en :		
• 2017 :	2017	2017 (Sauf option pour impôt fixe à 24 %).
• 2018 :	2018	Si PFU : Néant car CSG non déductible.
		2018 (Si option globale pour l'IR/TMI).
• 2019 :	2019	Si PFU : Néant car CSG non déductible.
		2019 (Si option globale pour l'IR/TMI).
Plus-values mobilières réalisées en :		
• 2017 :	2018	2018
• 2018 :	2019	Si PFU : Néant car CSG non déductible.
		2019 (Si option globale pour l'IR/TMI).
• 2019 :	2020	Si PFU : Néant car CSG non déductible.
		2020 (Si option globale pour l'IR/TMI).

POUR LES PLANS D'ÉPARGNE LOGEMENT (PEL) :

- **La LDF 2006** a modifié l'imposition aux **prélèvements sociaux des PEL** :
  - Pour les **PEL de plus de 10 ans au 01/01/06**, les prélèvements sociaux sont dus. chaque année sur les intérêts acquis et inscrits en compte au 31/12 pour l'année.
  - Pour les **PEL < à 10 ans du 01/04/1992 au 28/02/11**, 2 situations en place :
    - Soit le PEL se dénoue **avant son 10ème anniversaire** : ils seront dus à la clôture
    - Soit le PEL se dénoue **après son 10ème anniversaire** : les prélèvements sociaux seront dus à la date du 10èmeanniversaire pour les intérêts acquis au 31/12/N-1 ainsi que ceux liés aux intérêts acquis du 1er janvier à la date d'anniversaire. Et, en fin d'année civile, de la date d'anniversaire au 31/12/N.
  - Les **prélèvements sociaux** s'appliquent **dès l'inscription en compte** des intérêts sur tous les **plans d'épargne logement ouverts à compter du 01/03/11**, et non plus à compter de leur 10ème anniversaire.
  - La prime d'épargne est soumise aux prélèvements sociaux, dès son versement.

Tableau de synthèse pour les prélèvements sociaux des PEL :

PEL ouverts	Application des prélèvements sociaux sur les intérêts
Avant le 01/04/92 :	• Soit lors du dénouement du PEL, si < à sa date d'échéance • Soit le 31/12 de l'année d'échéance et le 31/12 de chaque année suivant celle de sa date d'échéance.
Du 01/04/1992 au 28/02/2011 :	• Soit lors du dénouement du PEL, si moins de 10 ans. • Si + de 10 ans, au 31 Décembre de chaque année, y compris l'année du 10ème anniversaire.
Depuis le 01/03/2011 :	Le 31/12 de chaque année, y compris l'année de souscription.

Á noter :

- **La prime d'épargne des PEL** est **soumise aux prélèvements sociaux**, à la date de son versement qui intervient : (**Supprimée** pour les PEL et CEL **ouverts dès 2018**).
  - Soit lors du dénouement du plan (retrait des fonds), pour les PEL ouverts avant le 12 Décembre 2002.
  - Soit à la date du premier déblocage des fonds du prêt d'épargne logement, pour les plans ouverts à partir du 12 Décembre 2002.
- La **durée maximale de 10 ans** ne concerne **que les PEL ouverts à partir du 01/04/ 1992.** La date d'échéance des PEL ouverts avant cette date, qui est prévue dans le contrat initial ou dans un avenant conclu au plus tard le 1er Avril 1992, peut être supérieure à 10 ans. Passé ce terme contractuel, le titulaire du plan ne peut plus effectuer de nouveaux versements sur son plan.
- Pour les **PEL ouverts à compter du 01/03/2011**, et **transformés en CEL** (ou clôturés avant leur 2ème anniversaire) mise en place d'une régularisation permettant de **recalculer les prélèvements sociaux** pris au 31/12 de chaque année sur le taux des intérêts acquis du PEL, au nouveau taux du CEL en vigueur au 31/12 de chaque année. Le différentiel étant reversé au bénéficiaire du PEL transformé en CEL.

Pour les prélèvements sociaux sur les contrats d'assurance-vie :

- **Mono-support en Euros ou en devises :**
  - Les prélèvements sociaux s'effectuent dès l'inscription en compte des intérêts annuels.
- **Multi-supports et bons de capitalisation :**
  - Ces contrats comportent un fonds ou un compartiment en Euros ou en devises, ainsi que des compartiments en unités de compte (Valeurs mobilières - Parts d'OPCVM et autres).
    - Jusqu'aux **intérêts** ou produits **inscrits en compte avant le 30 Juin 2011**, aux bons de capitalisation ou aux contrats d'assurance-vie multi-supports, les prélèvements sociaux ne s'appliquent :
      - Qu'à l'échéance.
      - Que lors du dénouement du contrat.
      - Que lors du rachat.
      - Qu'au décès de l'assuré d'un contrat, depuis le 01/01/2010.
    - Assujettissement aux **prélèvements sociaux sur les intérêts** ou produits (ou participation aux bénéfices - intérêts techniques ou autres) **du seul fonds ou du seul compartiment en Euros** ou en devises, inscrits aux bons ou aux contrats **à compter du 1er Juillet 2011**, et ce, quelle que soit leur date de souscription. Les produits versés, seront donc désormais inscrits en compte pour leur valeur nette, après déduction des prélèvements sociaux.
  - Pour les **produits éventuels** des **compartiments en unités de compte**, dont le montant n'est pas garanti, une **régularisation** sera effectuée **au dénouement** ou lors du rachat, (ou du décès de l'assuré) du contrat ou du bon :
    - Si les prélèvements sociaux prélevés sur la partie en Euros sont supérieurs à ceux dus sur l'ensemble des produits du contrat ou bon, l'excédent sera reversé au contrat.
    - Dans le cas contraire, les prélèvements sociaux s'appliqueront sur les produits réalisés sur les compartiments en unités de compte.
    - Lors d'un **rachat partiel**, la régularisation des prélèvements sociaux (en +/-) est proportionnelle au rapport existant entre les primes comprises dans ce rachat et le montant total des primes versées (moins les primes ayant déjà été données lors d'un rachat partiel antérieur).

Á noter :

- Ne sont pas concernés, les produits des contrats d'Épargne-handicap et de Rente-survie, ainsi que les contrats d'assurance décès et les contrats d'assurance groupe.

LES RÉDUCTIONS D'IMPÔT À CARACTÈRE PATRIMONIAL AVEC UNE SENSIBILITÉ IMMOBILIÈRE

Les **RÉDUCTIONS D'IMPÔT** sont principalement caractérisées par :

- **Les frais de tenue de comptabilité.**
- **Travaux de conservation ou de restauration d'objets classés.**
- **Les demeures historiques.**
- **La Loi MALRAUX.**

Quant aux **CRÉDITS D'IMPÔT**, ils sont principalement caractérisés par :

- **Les intérêts d'emprunt pour la résidence principale.**
- **Les dépenses dans l'habitation principale.**

INTÉRÊTS D'EMPRUNT POUR LA RÉSIDENCE PRINCIPALE

Du 06 Mai 2007 au 31 décembre 2010.

Dispositif fiscal supprimé pour les opérations :

- **Si l'offre de prêt** (ou au moins l'une des offres, en cas de plusieurs prêts) est **émise à compter du 1er janvier 2011.**
- Ou si l'offre ou toutes les **offres** de prêt sont **émises avant cette date**, lorsque **l'acquisition du bien** (logement achevé ou en l'état futur d'achèvement) **ou la DOC** si le contribuable fait construire, intervient **après le 30 Septembre 2011.**

Bénéficiaires :

- Pour la résidence principale de toute personne fiscalement domiciliée en France.
- Que le bien soit détenu directement ou indirectement (SCI à l'IR par exemple, dont le contribuable est associé et que la société met gratuitement à sa disposition tout ou partie de l'immeuble lui appartenant).
- Le bien ou les parts de la société à l'IR peut soit appartenir au contribuable, soit constituer un bien propre de ses enfants à charge (ou rattachés), ou de personnes invalides à la charge de son foyer fiscal.

Conditions à respecter :

- Ouvrent droit au crédit d'impôt, les intérêts des prêts, contractés uniquement auprès des établissements financiers, pour financer :
  - L'acquisition d'un logement (neuf ou ancien) affecté à la résidence principale.
  - L'acquisition du terrain et les dépenses de construction du logement, avec engagement de l'affecter à titre de résidence principale dès la DAT, au plus tard le 31 décembre de la 2ème année qui suit celle de la conclusion du prêt.
- Le logement doit répondre aux **normes minimales de surface et d'habitabilité** conformes à celles du prêt à taux zéro. (Mais pas de notion de primo-accédant).
- Pour les **logements neufs**, le **CI est réservé** aux logements respectant les **caractéristiques thermiques** et la **performance énergétique**, fixées par Décret.

Montant du crédit d'impôt (limites doublées en cas de handicap) :

Taux du Crédit d'impôt :

- Crédit d'impôt sur les **intérêts uniquement** (<u>hors frais d'emprunt et ADI</u>) :
  - **40 %** la **1ère année (12 mois)**, puis **20 %** pour les **4 autres années.** < au 31/12/08.
  - Pour les **biens acquis neufs ou en VEFA** (D.O.C > au 01/01/09), à compter du 01/01/**2009**, **réalisant un niveau de performance énergétique globale** supérieur à celui imposé par la réglementation thermique en vigueur (Label « **BBC** » ou « BEPOS », et à insérer dans la 2042), la **durée** du **crédit d'impôt** est portée à **7 ans** et son **taux reste constant à 40 %** durant les 7 années. Ceci afin de compenser une partie du surcoût lié au niveau de performance énergétique).

Á compter du 1er Janvier 2010 au 31 Décembre 2010, pour les logements neufs :

Logements neufs ne répondant pas aux critères des bâtiments « BBC » :

- Logements acquis neufs ou en VEFA à compter du 01/01/2010 au 31/12/2010.
- Logement construit avec D.O.C à compter du 01/01/2010 au 31/12/2010.
- Locaux non affectés à usage d'habitation et transformés en logement avec D.O.C. à compter du 01/01/2010 au 31/12/2010.

Réduction des taux du crédit d'impôt en 2010 pour le neuf non « BBC » :

- En **2010** : **30 %** pendant **12 mois** – Puis **15 %** pendant **48 mois.**

Logements neufs répondant aux critères des bâtiments « B.B.C. ou B.E.P.O.S » :

- Crédit d'impôt de **40 %** pendant **7 ans** (84 mois).
- Afin de compenser une partie du surcoût lié au niveau de performance énergétique).

Logements anciens, ou logements rendus habitables ou logements acquis en l'état futur de rénovation à compter du 1er Janvier 2010 :

- Crédit d'impôt de **40 %** la **1ère année (12 mois)**, puis **20 %** pour les **4 autres années.**

Montant maxi des intérêts uniquement (hors frais d'emprunt et ADI), ouvrant droit au crédit d'impôt :

- **3.750 € d'intérêts** pour les personnes seules (Célibataires – Veufs – Divorcés).
- **7.500 € d'intérêts** pour les couples mariés ou pacsés. (Crédit d'impôt maxi:1.500 €).
  - Majoré de **500 €** par personne à charge. - **Limites doublées en cas de handicap.**

Á noter :

- Le crédit d'Impôt est soumis au « plafonnement des niches fiscales ».
- Impossibilité de bénéficier du crédit d'impôt, pour l'acquisition via une SCI, d'un bien qu'on détenait déjà directement ou indirectement. (« vente à soi même »).
- Mutation professionnelle possible, si locataire d'une nouvelle résidence principale et s'il ne loue pas son ancienne résidence principale objet du crédit d'impôt.
- Possibilité d'opter pour différer l'avantage du crédit d'impôt majoré à la date de la DAT ou de la livraison du bien, et non sur les intérêts intercalaires (début travaux).

Tableau de synthèse du Crédit d'Impôt pour la Résidence Principale :

Logements acquis ou construits	Ne répondant pas aux normes BBC 2005		Répondant aux normes BBC 2005	Logements anciens	
	12 mois	48 mois	84 mois	12 mois	48 mois
En 2009	40 %	20 %	40 %	40 %	20 %
En 2010	30 %	15 %	40 %	40 %	20 %
En 2011	supprimé				

LES FRAIS DE TENUE DE COMPTABILITÉ

Objectif :

- Bénéficier d'une **réduction d'impôt** représentant globalement les frais de tenue d'une comptabilité pour les professionnels dont le chiffre d'affaires n'excède pas les limites du Micro-BA ou du Micro BIC et BNC.

Conditions à respecter :

- Être fiscalement domicilié en France.
- Avoir un **chiffre d'affaires inférieur** à :
    - **170.000 €** H.T. pour les agriculteurs (moyenne triennale) et les artisans commerçants ayant une activité de négoce – alimentaire – transformation ou d'hôtellerie.
    - **70.000 €** H.T. pour les artisans commerçants ayant une activité de prestations de services (coiffeur – taxis - ...), et les professions libérales.
- Opter pour un **régime réel** d'imposition et non pour le micro ou le forfait.
- **Adhérer à un centre de gestion agréé (CGA)** ou à une association de gestion agréée (AGA).

Montant maxi de la réduction d'impôt :

- **915 €.**

Plafonds d'investissements annuels :

- La réduction d'impôt est égale au montant des dépenses de comptabilité et des frais d'adhésion au centre ou à l'association de gestion agréé, dans la limite d'un plafond annuel de 915 €.

Á noter :

- **Suppression de la réduction lors de la Loi de Finances 2015, puis reconduite lors de la Loi de Finances rectificative pour 2015...**

DÉPENSES POUR LA TRANSITION ÉNERGÉTIQUE (CITÉ)

Annule et remplace le CI pour les dépenses en faveur du développement durable.

Simplification du crédit d'impôt pour les dépenses en faveur du développement durable, à compter du 1er Septembre 2014, par la mise en place du Crédit d'Impôt pour la Transition Énergétique (Le CITÉ).

Nouvelles mesures et simplifications pour les dépenses à compter du 01/09/2014 :

- Abandon de la notion de bouquet de travaux.
- Un **taux principal de crédit d'impôt : 30 %** et des **nouvelles dépenses d'acquisition** ouvrent droit au crédit d'impôt entre le 01/09/2014 et le **31/12/2019** :
    - Compteurs individuels pour le chauffage et l'eau chaude dans les copropriétés achevées depuis plus de 2 ans et équipées d'une installation centrale ou alimentées par un réseau de chaleur.
    - Bornes de recharges de véhicules électriques.
    - Dépenses d'acquisition d'équipements ou de matériaux de protection des parois vitrées ou opaques contre les rayonnements solaires.
    - **Cumul possible avec l'Éco-PTZ, sans condition de ressources.**

Bénéficiaires :

- Le crédit d'impôt est accordé aux contribuables, qu'ils soient occupants à titre gratuit, propriétaires, ou locataires, de sa **résidence principale** en France. Idem pour l'associé d'une SCI occupant le logement à titre d'habitation principale.
- Extension possible aux travaux de la future résidence principale (6 mois).

Á noter :

- Le crédit d'impôt s'impute sur le montant de l'impôt sur le revenu dû au titre de l'année au cours de laquelle la dépense a été payée.
- C'est le **règlement définitif de la facture**, et non le versement d'un acompte au moment de l'acceptation du devis ou de l'avancement des travaux, qui déclenche l'application du crédit d'impôt. Pour les copropriétés, c'est le paiement par le syndic du montant total des travaux à l'entreprise qui compte, et non le versement des appels de fonds successifs.
- Le crédit d'impôt est calculé sur le montant figurant sur la facture délivrée par l'entreprise réalisant les travaux, ou ses sous-traitants.
- Les travaux financés par un **prêt à taux zéro** ouvrent droit au crédit d'impôt **sans condition de ressources.**
- Le **crédit d'impôt** est **soumis au « plafonnement des niches fiscales ».**

Base du crédit d'impôt :

- Elle s'applique au prix d'acquisition TTC des équipements et matériaux tel qu'il résulte de la facture délivrée par l'entreprise ayant également réalisé les travaux.
- Est **exclue de la base**, la main-d'œuvre correspondant à la pose des équipements (sauf pour la pose de matériaux d'isolation thermique des parois opaques), ainsi que les matériaux et fournitures destinés au raccordement des chaudières et les frais annexes tels que les frais administratifs, de dossier, ou les intérêts d'emprunt.
- Lorsque l'équipement de raccordement s'intègre à un logement neuf ou en état futur d'achèvement, le coût de cet équipement est le prix de revient, majoré de la marge bénéficiaire du constructeur sur cet équipement.
- Si les travaux sont soumis à des critères RGE, le crédit d'impôt sera conditionné à une visite préalable de l'entreprise effectuant les travaux, qui mentionnera la date de la visite préalable dans sa facture définitive.

Plafonds des dépenses :

- Pour un même contribuable et une même habitation, le montant total des dépense ouvrant droit au crédit d'impôt ne peut excéder, pour l'ensemble de la **période allant du 1er janvier 2005 au 31 décembre 2019**, la somme de :
- **8.000 €** pour une personne seule.
- **16.000 €** pour un couple marié ou pacsé.
- Plus : **400 €** par enfant. (divisé par 2, en cas de garde alternée).

Ouvre droit à un nouveau plafond, durant la période :

- Le changement de résidence principale.
- Le changement de situation matrimoniale entraînant un nouveau foyer fiscal (mariage – divorce – décès), même si le contribuable ne change pas de résidence principale.

Nouveaux du crédit d'impôt pour 2019 :
Taux du CITÉ à 15 % :

- Pour les dépenses réalisées à compter de 2019, le CITÉ est rétabli au titre des dépenses d'acquisition de matériaux d'isolation thermique des parois vitrées, à condition que ces mêmes matériaux viennent remplacer des parois en simple vitrage.
- Les dépenses d'acquisition de matériaux d'isolation thermique des parois vitrées sont retenues dans la limite d'un plafond, par équipement, de 670 € TTC.
- Cet équipement s'entend d'une menuiserie et des parois vitrées qui lui sont associées.
- La facture délivrée par l'entreprise doit mentionner que les matériaux d'isolation viennent remplacer des parois en simple vitrage.

Taux du CITÉ à 50 % :

Chaudières et coût de dépose d'une cuve à fioul :

- Pour les dépenses payées à compter du 1er janvier 2019, le CITÉ s'applique au titre de l'acquisition de chaudières à très haute performance énergétique, y compris les chaudières à micro-cogénération gaz, à l'exception de celles utilisant le fioul.
- Les dépenses d'acquisition sont retenues dans la limite de 3.350 €, TTC par logement.
- Par exception, si le contribuable justifie de l'acceptation d'un devis et du versement d'un acompte au plus tard le 31 décembre 2018, le CITÉ est maintenu dans les mêmes conditions que pour les dépenses payées en 2018 et ce plafond ne s'applique donc pas.
- Pour les dépenses payées à compter du 1er janvier 2019, le CITÉ est maintenu, dans les mêmes conditions que pour les celles payées en 2018, pour l'acquisition de chaudières à haute performance énergétique, à l'exception de celles utilisant le fioul comme source d'énergie, sous réserve que le contribuable justifie de l'acceptation d'un devis et du versement d'un acompte au plus tard le 31 décembre 2018.
- Les dépenses payées, entre le 1er janvier 2019 et le 31 décembre 2019, au titre de la dépose d'une cuve à fioul sont éligibles au CITÉ, **sous conditions de ressources.**

Coût de la pose d'équipements de chauffage sous conditions de ressources :

- Pour les dépenses payées à compter du 1er janvier 2019, le coût de la pose de certains équipements est ajouté au coût d'acquisition retenu pour le calcul du CITÉ de 30 %. Sont concernés :
  - Les équipements de chauffage ou de fourniture d'eau chaude sanitaire utilisant une source d'énergie renouvelable.
  - Les systèmes de fourniture d'électricité à partir de l'énergie hydraulique ou à partir de la biomasse.
  - Les pompes à chaleur, autres que air/air, dont la finalité essentielle est la production de chaleur ou d'eau chaude sanitaire.
- Toutefois, ces dépenses de pose n'ouvrent droit au crédit d'impôt que si le **RFR de 2017 (N-2) du foyer fiscal n'excède pas, un plafond** fixé par décret.
- Pour les équipements de chauffage ou de fourniture d'eau chaude sanitaire utilisant l'énergie solaire thermique, les dépenses sont retenues dans la limite d'un plafond de dépenses de 1.300 €, 520 € et 260 €/m² de capteurs solaires sous conditions de ressources.
- Pour les équipements hybrides intégrant un équipement de production d'électricité utilisant l'énergie radiative du soleil et un équipement de chauffage ou de production d'eau chaude sanitaire utilisant l'énergie solaire thermique, le crédit d'impôt s'applique sur le coût total, dans la limite d'une surface de capteurs solaires, et après application à la surface ainsi déterminée du plafond de dépenses par m² de capteurs solaires.
- Pour les pompes à chaleur dédiées à la production d'eau chaude sanitaire, le crédit d'impôt s'applique dans la limite de 4.000 €, sous conditions de ressources ;

Plafonds de ressources pour bénéficier du CITÉ au titre de certaines dépenses :

- Jusque là exclus du dispositif, le coût de la **dépose d'une cuve à fioul** ainsi que les **dépenses de pose d'équipements de chauffage** et de production d'eau chaude sanitaire utilisant des énergies renouvelables sont ainsi devenus éligibles **sous condition de ressources à compter du 1er janvier 2019.**
- Ces plafonds sont révisés chaque année par l'ANAH en fonction de l'évolution de l'indice des prix à la consommation hors tabac.
- Ce plafond ne s'applique pas au coût de la pose de l'échangeur de chaleur souterrain des pompes à chaleur géothermiques, qui était déjà éligible au CITÉ pour les dépenses payées avant 2019.

Plafonds au 1er janvier 2019 :

Plafonds pour Ménages aux ressources très modestes au 1er janvier 2019		
Nombre de personnes composant le ménage :	**Ile-de-France :**	**Province :**
1	**20.470 €**	**14.790 €**
2	**30.044 €**	**21.630 €**
3	**36.080 €**	**26.013 €**
4	**42.128 €**	**30.389 €**
5	**48.198 €**	**34.784 €**
+ Par personne supplémentaire	**6.059 €**	**4.385 €**
RFR de N-1 : Avis d'impôt 2018 portant sur les revenus de 2017.		

Á noter :

- En cas de **changement de résidence principale** durant la période (2005 - 2019), possibilité de bénéficier à nouveau intégralement du crédit d'impôt pour cette nouvelle résidence principale. Même si le contribuable en a déjà bénéficié pour son ancienne résidence principale durant la période 2005 - 2019.
- Idem, en cas de changement de situation matrimoniale (mariage - PACS - divorce - décès), et ce, peu importe qu'il y ait eu déménagement ou non.
- Le crédit d'impôt s'impute sur le montant de l'impôt sur le revenu dû au titre de l'année au cours de laquelle la dépense a été payée.
- C'est le **règlement définitif de la facture**, et non le versement d'un acompte au moment de l'acceptation du devis ou de l'avancement des travaux, qui déclenche l'application du crédit d'impôt. Pour les copropriétés, c'est le paiement par le syndic du montant total des travaux à l'entreprise qui compte, et non le versement des appels de fonds successifs.
- Le paiement doit intervenir entre le 1er janvier 2006 et le 31 décembre 2019.
- Pour les dépenses sur un **logement acquis neuf**, le fait générateur est constitué par la date d'acquisition du logement ainsi équipé, entre le 01/01/06 et le 31/12/19.
- Pour les dépenses réalisées sur un **logement en état futur d'achèvement,** le fait générateur est constitué par la date d'achèvement du logement ainsi équipé, entre le 1er janvier 2006 et le 31 décembre 2019.

- 2 catégories de dépenses :
  - Installation ou remplacement d'équipements spécialement conçus pour les personnes âgées, handicapées, ou fragiles. (Immeuble < ou > à 2 ans).
  - Travaux de protection contre les risques technologiques. (Neuf ou non)

Base du crédit d'impôt en faveur de l'aide aux personnes :

- Elle s'applique au prix d'acquisition TTC des équipements, des matériaux **et des frais divers de main-d'œuvre correspondant à la réalisation des travaux**, tels qu'ils résultent de la facture délivrée par l'entreprise ayant également réalisé les travaux.
- Sauf pour les **ascenseurs électriques** : Est exclue du crédit d'impôt, la m.o liée à la pose des équipements, et des matériaux et fournitures destinés au raccordement.

Plafonds des dépenses pour l'aide aux personnes dans la nouvelle période :

- **5.000 €** pour une personne seule. (10.000 € si SEVESO).
- **10.000 €** pour un couple. (**20.000 € si SEVESO** (PPRT).
- Plus : 400 € par enfant et personne à charge.
- Le **plafond des dépenses** s'apprécie sur une **« plage glissante » de 5 années consécutives** comprises entre le 01/01/2005 et le **31/12/2020**.
- La date de paiement de la dépense est enregistrée à la date du règlement définitif de la facture. En conséquence, un acompte ne constitue pas un paiement pour l'application du crédit d'impôt.

Taux du crédit d'impôt :

- **40 %**, pour les travaux contre les risques technologiques (ex : SEVESO - PPRT), payés par le propriétaire occupant ou le louant à titre de résidence principale du locataire (avec engagement de louer pendant 5 ans)
- **25 %** de la base pour les équipements spécialement conçus pour les personnes âgées ou handicapées.
- **15 %** du montant des dépenses d'acquisition d'ascenseurs dans un immeuble collectif.

Á noter :

- En cas de changement de résidence principale durant la période (2005 - 2020), possibilité de bénéficier à nouveau intégralement du crédit d'impôt pour cette nouvelle résidence principale. Même si le contribuable en a déjà bénéficié pour son ancienne résidence principale durant la période 2005 - 2020.
- Idem, en cas de changement de situation matrimoniale (mariage - PACS - divorce - décès), et ce, peu importe qu'il y ait eu déménagement ou non.

Tableau de synthèse pour les dépenses d'aide à l'équipement des personnes :

DÉPENSES D'AIDE Á L' ÉQUIPEMENT DES PERSONNES							
	Pour l'habitation principale :			Base du Crédit d'impôt			
Nature de La dépense	Neuf	< 2ans	> 2ans	Équipements et travaux	Main-d'oeuvre	Taux réduit de TVA	Taux du Crédit Impôt
Installation ou remplacement d'équipements pour personnes âgées ou handicapées	OUI	OUI	OUI	OUI	OUI	OUI	25 %
Travaux de protection contre les risques technologiques	NON	OUI	OUI	OUI	OUI	OUI	40 %
PLAFONDS POUR LA PÉRIODE 2005 - 2020							
Personne seule : 5.000 € et 10.000 € si dépenses « SEVESO »							
Couple et PACS : 10.000 € et 20.000 € si dépenses « SEVESO »							
Majorations : 400 € par personne à charge							

TRAVAUX DE CONSERVATION OU DE RESTAURATION D'OBJETS CLASSÉS

Objectif :

- Bénéficier d'une **réduction d'impôt** au titre des **dépenses** de **travaux** de **conservation** ou de **restauration** de biens **mobiliers** classés au titre des **monuments historiques,** supportées par les propriétaires privés.

Conditions à respecter :

- Être fiscalement domicilié en France.
- Le bien mobilier doit, dès l'achèvement des travaux, être **exposé** au **public** pendant au moins **5 ans**.
- Les travaux de conservation et de restauration des objets classés au titre des monuments historiques ne peuvent être effectués qu'avec l'autorisation de l'autorité administrative chargée des monuments historiques, selon le Code du patrimoine, avec un cahier des charges scientifique et technique.
- **Dépenses payées** à compter du **1er Janvier 2008**.

Opérations concernées :

- Les **travaux de conservation** concernent ceux permettant d'augmenter l'espérance de vie d'un élément ou d'un ensemble du patrimoine, à l'exclusion des dépenses indirectes de stockage, ventilation, …
    - Travaux de **conservation curative** pour arrêter ou limiter l'altération du bien (consolidation, désinfection, …).
    - Travaux de **conservation préventive** pour assurer la préservation du bien, et de retarder sa détérioration ou de prévenir les risques d'altération.
- Les **travaux de restauration** concernent ceux qui permettent de rétablir l'intégrité esthétique, historique et physique d'un bien culturel endommagé ou détérioré. Ils n'interviennent qu'après les travaux de conservation.

Montant de la réduction d'impôt :

- Réduction d'impôt de **18 %**, du montant des sommes versées et restant à la charge du propriétaire, dans la limite de 20.000 € par an.
- Soit une réduction annuelle maxi de **3.600 €**.

LES INVESTISSEMENTS DANS LES DEMEURES HISTORIQUES

Non soumis au « plafonnement des niches fiscales ».

Objet :

- Acquisition ou détention de biens **classés monuments historiques**, inscrits à **l'inventaire supplémentaire** des monuments historiques (ISMH), aux biens bénéficiant du **label** délivré par la « **Fondation du patrimoine** » sur avis favorable du service départemental de l'architecture et du patrimoine, ou ayant fait l'objet d'un agrément ministériel ou de la Direction des impôts avant le 01/01/2014. (Suppression du régime pour les agréments donnés à compter du 01/01/2014).

Acquisition :

- Immeuble en pleine propriété.
- **Parts de société agréée** par le Ministre de la Culture et constituée à l'initiative de Collectivités Publiques ou de société d'économie mixte **depuis le 01/01/2009**, afin de bénéficier du régime des monuments historiques (déficit sans limite) au titre des charges supportées par la société au cours des années antérieures, à condition que :
    - Les **charges foncières** aient été supportées par la société entre la date de la D.O.C. et celle de l'acquisition de leurs parts par les bénéficiaires.
    - Les **parts sociales** soient acquises au plus tard le 31/12 de la 2ème année suivant celle de la Déclaration d'Ouverture de Chantier.
    - Les **charges** aient été intégralement **remboursées** à la société agréée, à proportion de leurs parts, par les associés personnes physiques.
    - Ainsi, **l'associé peut déduire** les **charges de l'année** d'acquisition des parts, mais également celles supportées au titre des **2 années précédentes**.
- **S.C.I.** non IS, **possible uniquement** :
    - pour toute acquisition avant 2009.
    - Pour les SCI dites « Familiales » (Associés Parents en ligne directe – Entre Frères et Sœurs et leurs conjoints, le cas échéant leurs descendants).
    - Si l'acquisition ne porte que sur un droit de propriété démembré.
- Dans tous les autres cas, à compter de 2009, les acquisitions par une SCI sont exclues du régime de faveur.

Avantages :

- Déduction du revenu brut global **sans limitation**, sous conditions.
- Exonération des droits de succession et de donation, dans la mesure où les héritiers souscrivent une convention avec les ministres de la Culture et des Finances.
- Concernant l'IFI, le fisc a pour consigne « d'apprécier avec bienveillance » la valeur des biens…

Obligation :
Á condition de **s'engager à conserver le bien pendant 15 ans,** 3 options possibles :

- L'immeuble ne procure aucune recette (pas de visite payante) et le propriétaire occupe l'immeuble :
  - Il déduit les charges (réparations, entretien et amélioration, les frais de gérance et les intérêts d'emprunt) de son R.B.G. sans limite si le public est admis à visiter le bien, et dans la limite de 50 % de leur montant dans le cas contraire.
- L'immeuble procure des recettes et il n'est pas occupé par le propriétaire (soit entièrement loué, soit visites payantes) :
  - Les charges foncières déjà citées et celles liées au droit de visite (rémunération du personnel) sont déductibles sans limite des revenus fonciers. Le revenu est constitué du loyer, plus les droits de visite, plus les subventions reçues.
  - Des revenus issus du droit de visite, le propriétaire déduit forfaitairement une somme de 1.525 € ou 2.290 € si le bien possède un parc accessible au public.
- L'immeuble procure des recettes, mais une partie de l'immeuble est occupée par le propriétaire à titre de résidence principale ou secondaire :
  - Pour la partie visitée, les charges supportées sont déductibles intégralement des revenus, sans limite, et la déduction forfaitaire est maintenue.
  - En cas de déficit, il vient s'imputer sans limitation sur le revenu foncier.
  - Pour la partie non visitée, les charges foncières liées à l'occupation par le propriétaire sont imputables en totalité sur le Revenu Brut Global.
  - Les autres charges, liées notamment au droit de visite ou à l'occupation partielle, ne sont prises en compte pour la détermination du revenu foncier net que dans la mesure où elles se rapportent aux locaux visités.
  - Le fisc admet que le propriétaire puisse **déduire sans autre justification les 3/4** des charges supportées de ses revenus fonciers.

- **Conditions d'ouverture au public pour bénéficier de l'exonération des droits de succession :**
  - La durée minimale d'ouverture au public est désormais de :
    - 90 jours de mai à septembre, dont les dimanches et jours fériés.
    - 60 jours du 15 juin au 30 septembre, dont dimanches et fériés.
  - Des aménagements sont toutefois possibles en cas d'accident de la vie, c'est-à-dire un évènement grave empêchant la participation personnelle de l'héritier à l'accueil des visiteurs et/ou au déroulement des visites.

Á noter :

- Certains immeubles ne pouvant ni être classés, ni inscrits à l'ISMH, peuvent bénéficier sensiblement des mêmes avantages fiscaux, s'ils ont reçu le **label de la « Fondation du Patrimoine »**. (Ils font donc partie du patrimoine national, mais il n'est pas exigé qu'il soit ouvert au public).
- Les charges admises en déduction sont celles qui se rapportent aux travaux de réparation et d'entretien afférents aux murs, aux façades et aux toitures.
- Pour les travaux intérieurs indissociables de l'intérêt historique, artistique ou culturel que présente le bien, peuvent être admis en déduction à condition que le propriétaire s'engage à ouvrir l'immeuble au public.
- Si le bien ne procure aucune recette, le propriétaire peut déduire 50 % du montant des travaux éligibles. Si les travaux sont subventionnés au minimum à 20 %, la totalité du coût des travaux est déductible.
- Si l'immeuble est donné intégralement en location, le propriétaire peut imputer la totalité des charges foncières qu'il supporte sur les loyers perçus. Le déficit éventuel peut être imputé sur le RBG sans limitation.
- Si une partie seulement de l'immeuble procure des revenus, il faut ventiler les charges d'entretien et de réparation déductibles entre le RFN et le RBG. Ce prorata s'établi en fonction de la surface des locaux.
- Les immeubles par nature (constructions, parcs et jardins) ou par destination (glaces, statues) qui sont classés ou inscrits à l'inventaire supplémentaire des monuments historiques, ainsi que les biens meubles qui en constituent le complément historique ou artistique, **sont exonérés des droits de mutation à titre gratuit** (succession - donation), si les héritiers ou donataires souscrivent une convention avec les ministres de la Culture et des Finances, prévoyant notamment, le maintien dans l'immeuble des meubles exonérés, les modalités d'accès au public et les conditions d'entretien des biens exonérés. En revanche, ils **sont imposables à l'IFI**, à l'exception des objets d'art, de collection et d'antiquités de plus de 100 ans.

LA LOI MALRAUX

Loi du 04 Août 1962, modifiée par la Loi de Finances 2009. - **Hors Plafonnement.**

Á compter des investissements réalisés en 2009, la déduction sans limitation de montant du RBG se transforme en **réduction d'impôt**.
Dépenses portant sur des immeubles pour lesquels une demande de permis de construire ou une déclaration de travaux déposée à compter du 1er Janvier 2017.
Á compter des revenus de 2013, la Loi Malraux est exclue au plafonnement des niches.

Objet :

- Opération de **restauration complète** d'un immeuble bâti situé soit :
  - Dans le périmètre d'un **site patrimonial remarquable (SPR)**, (ex : Secteurs sauvegardés, et Zones de protection du patrimoine architectural, urbain et paysager (Z.P.P.A.U.P.), **couvert par un Plan de Sauvegarde et de Mise en Valeur (PSMV) approuvé**. - RI à 30 %.
  - Dans le périmètre d'un SPR **couvert par un Plan de Valorisation de l'Architecture et du Patrimoine (PVAP) approuvé**. - RI à 22 %
  - Dans le périmètre d'un SPR à condition que l'opération de restauration de l'immeuble ait été déclarée d'utilité publique. - RI à 22 %
  - Dans un **quartier ancien dégradé** (jusqu'au 31/12/19). La liste de ces quartiers dans lesquels est institué un programme de requalification national est fixée par décret. - RI à 30 %.
- La restauration complète doit être déclarée d'utilité publique, sauf si le plan de sauvegarde et de mise en valeur (PSMV) est approuvé.
- Les travaux doivent porter sur la restauration complète de l'immeuble. Les **restaurations partielles** en sont donc **exclues,** sauf si certaines parties de l'immeuble ne nécessitent aucune intervention.
- Les travaux de démolition doivent être imposés par l'autorité qui délivre le permis de construire.
- La demande de permis de construire ou la déclaration de travaux, doit être déposée à compter du 09 Juillet 2016.

Bénéficiaires :

- Personnes physiques - Associés (personnes physiques) de SCI/SCPI à l'IR - Co-indivisaires, domiciliés en France, dont les revenus de la location de l'immeuble seront imposés dans la catégorie fiscale des Revenus Fonciers.
- Biens détenus en pleine propriété uniquement, à l'exception du démembrement lié au décès d'un conjoint soumis à imposition commune.

Obligation :

- **Engagement** de **location nue** pendant **9 ans**, soit à titre de résidence principale du locataire, soit affecté à un autre usage (bail commercial pour le rez-de-chaussée).
- La **location** doit prendre effet **dans les 12 mois** suivant la date d'achèvement des travaux de restauration.
- Le locataire ne peut pas être une personne du foyer fiscal, ni un ascendant ou descendant du propriétaire du local ou des parts de la société.
- La restauration doit être entreprise à l'initiative du propriétaire ou d'un intermédiaire immobilier.
- Les travaux de démolition doivent être imposés par l'autorité qui délivre le permis de construire.
- Chaque propriétaire peut mener seul sa propre restauration, mais celle-ci doit concerner un immeuble bâti tout entier, et non seulement un ou plusieurs logements.

Dépenses ouvrant droit à réduction d'impôt :

- Dépenses portant sur des immeubles pour lesquels **une demande de permis de construire** ou une **déclaration de travaux** déposée à compter du **1er Janvier 2017** et **avec l'accord** de l'architecte des Bâtiments de France, en conformité avec la Déclaration d'Utilité Publique **(DUP)** ou avec le Plan de Sauvegarde et de Mise en Valeur **(PSMV)** :
    - **les dépenses de démolition** (intérieures ou extérieures), prévues par le permis de construire.
    - **Les travaux de reconstitution** de toiture ou de murs extérieurs d'immeubles existants au début de l'opération, à condition que cette reconstruction fasse suite aux démolitions prévues dans le permis de construire.
    - **Les travaux de transformation** en logement habitable de parties d'immeuble, tels que combles, greniers, parties communes, etc.
    - **Certaines charges foncières classiques** telles que les dépenses d'entretien, de réparation et d'amélioration – Les primes d'assurances – Les frais de gestion – La taxe foncière – Les frais d'adhésion à l'association foncière urbaine de restauration (AFU)
- **La réduction d'impôt s'applique aux :**
    - Aux immeubles affectés à l'habitation, avant et après la réalisation des travaux.
    - Aux immeubles affectés à un usage autre que l'habitation, n'ayant pas été originellement destinés à l'habitation. (Par exemple, des locaux professionnels au rez-de-chaussée avec un bail commercial).
- La réduction d'impôt ne s'applique pas à la transformation d'immeubles à usage d'habitation en locaux professionnels.

Fiscalité :

- Catégorie fiscale des revenus fonciers.
- **Réduction d'impôt** de :
  - **22 %**, dans un SPR couvert par un **Plan de Valorisation de l'Architecture et du Patrimoine (PVAP) approuvé.** – Ou restauration déclarée d'utilité publique.
  - **30 %**, dans un **site patrimonial remarquable (SPR)**, (ex : Secteurs sauvegardés, et Zones de protection du patrimoine architectural, urbain et paysager (Z.P.P.A.U.P.), **couvert par un plan de sauvegarde et de mise en valeur (PSMV) approuvé.**
  - Sur les **dépenses réalisées** (sous déductions des aides ou subventions obtenues) de la date de dépôt de la demande du permis de construire au 31 Décembre de la 3ème année. (Sauf cas de force majeure ou de découvertes fortuites).
  - Dans la limite de **400.000 €** de **dépenses réalisées sur 4 ans** (et par propriétaire, Co-indivisaire ou associé). La fraction des dépenses excédant le plafond de 400.000 € est perdue.
- En contrepartie, **les charges prises en compte** au titre de la réduction d'impôt ne sont **plus déductibles** de **revenus fonciers**, et les **déficits fonciers** sont désormais plafonnés à **10.700 €.**

À noter :

- Le **prix d'acquisition** de l'immeuble n'ouvre **pas droit à la réduction d'impôt**.
- **Non cumul** avec d'autres réductions d'impôt (Investissement locatif de tourisme – Résidence hôtelière à vocation sociale – DOM-TOM) pour un même bien immobilier ou pour une même souscription de parts.
- Les dépenses retenues pour la réduction d'impôt ne peuvent pas être déduites des revenus fonciers.
- La réduction d'impôt « Malraux » **n'est pas soumise au plafonnement** global des niches fiscales.
- La **réduction d'impôt** est **remise en cause** en cas de **rupture de l'engagement** de location ou de conservation des parts dans le délai des 9 ans, (sauf en cas de décès, licenciement, ou invalidité de 2ème ou 3ème catégorie), ou en cas de **démembrement du droit de propriété** (sauf si le démembrement résulte d'un décès et si le conjoint survivant s'engage à reprendre les engagements.).
- Le risque de redressement fiscal est toujours présent, même si depuis 1995, la Loi a été simplifiée.
- Il est malgré tout préférable d'effectuer l'opération par des professionnels spécialisés dans ce type d'activité immobilière.
- Enfin, en raison des travaux à effectuer par des entreprises très spécialisées et sous contrôle des Bâtiments de France, la restauration d'immeuble à caractère historique coûte très cher.
- Si la **réduction d'impôt est supérieure à l'impôt dû**, la **fraction excédentaire** sera **reportable** sur l'impôt dû des **3 années suivantes**.

Exemple :

- Restauration complète d'un bien pour 520.000 €, à raison de 130.000 € par an.
- Travaux de restauration : Début Juin 2019 – Achèvement Novembre 2022.
- Subvention de 50.000 € la première année.
- Prix d'acquisition ; 200.000 € en Mars 2019.

En Plan de Sauvegarde et de Mise en Valeur approuvé (PSMV) :

	N	N+1	N+2	N+3	TOTAL
Dépenses éligibles à la réduction d'impôt :	**130.000 €**	**130.000 €**	**130.000 €**	**130.000 €**	**520.000 €**
Dépenses retenues :	**80.000 €**	**130.000 €**	**130.000 €**	**60.000 €**	**400.000 €**
Réduction d'impôt de 30 %	**24.000 €** (IR de N payé en N+1)	**39.000 €** (IR de N+1 payé en N+2)	**39.000 €** (IR de N+2 payé en N+3)	**18.000 €** (IR de N+3 payé en N+4)	**120.000 €**

En Plan de Valorisation de l'Architecture et du Patrimoine approuvé (PVAP) :

	N	N+1	N+2	N+3	TOTAL
Dépenses éligibles à la réduction d'impôt :	**130.000 €**	**130.000 €**	**130.000 €**	**130.000 €**	**520.000 €**
Dépenses retenues :	**80.000 €**	**130.000 €**	**130.000 €**	**60.000 €**	**400.000 €**
Réduction d'impôt de 22 %	**17.600 €** (IR de N payé en N+1)	**28.600 €** (IR de N+1 payé en N+2)	**28.600 €** (IR de N+2 payé en N+3)	**13.200 €** (IR de N+3 payé en N+4)	**88.000 €**

Á noter :

- Pour les investisseurs ayant déposé une demande de permis de construire ou une déclaration de travaux **au plus tard le 31 Décembre 2008**, les opérations de restauration immobilière Malraux étaient **déductibles sans limitation** du revenu brut global (à l'exception des intérêts d'emprunt liés aux travaux).
- La loi de finances **2016** limite ce régime d'imputation du déficit aux seules dépenses éligibles dans les 9 ans suivant la dernière déclaration de travaux ou permis de construire.
- Les **dépenses payées à compter de 2018** ne pourront plus bénéficier de ce régime d'imputation du RBG.
- Les dépenses supportées en vue de la restauration complète d'un immeuble bâti situé dans un **quartier ancien dégradé** sont **prorogées jusqu'au 31/12/19**.
- Si la **réduction d'impôt est supérieure à l'impôt dû**, la **fraction excédentaire** sera **reportable** sur l'impôt dû des **3 années suivantes**.

Synthèse des modifications à compter de Janvier 2017 :

Opérations de restauration immobilière pour lesquelles une demande de permis de construire ou une déclaration préalable est déposée :		
	Avant 2017	**Á compter de 2017**
Locaux concernés	Locaux d'habitation Locaux affectés d'origine à l'habitation et réaffectés à cet usage. Locaux professionnels.	Locaux d'habitation. Locaux destinés à l'habitation après travaux. Locaux professionnels.
Plafonnement de la base de la réduction d'impôt	Plafond annuel de dépenses éligibles : 100.000 €.	Plafond pluriannuel de dépenses éligibles de 400.000 € sur 4 ans
Imputation de la réduction d'impôt	Fraction de la réduction d'impôt non imputée, non reportable.	Fraction de la réduction d'impôt non imputée, reportable sur l'IR au titre des 3 années suivantes.
Remise en cause de la réduction d'impôt	Non respect de l'engagement de location ou de conservation. Démembrement, sauf si décès et reprise des engagements par le conjoint survivant.	Non respect de l'engagement de location ou de conservation, sauf si Invalidité - Licenciement - Décès. Démembrement, sauf si décès et reprise des engagements par le conjoint survivant.

LE PLAFONNEMENT GLOBAL DES NICHES FISCALES

LE PLAFONNEMENT GLOBAL DES NICHES FISCALES

Objectif :

- Mise en place d'un nouveau plafonnement pour les investissements ou dépenses réalisés à compter de **Janvier 2013**, déclarés et imposés depuis 2014.
- **Pour les investissements réalisés à compter de Janvier 2013**, **abaissement** du plafonnement global des niches fiscales à **10.000 €** par foyer fiscal (Personne seule – Couple – PACS – Avec ou sans enfants), sans **majoration** en pourcentage du revenu, à l'exception des réductions d'impôt et des reports résultant des investissements **outre-mer**, ainsi que pour les **SOFICA**, qui restent soumises au plafond partiel de **18.000 €**. La **réduction Malraux est exclue du plafonnement** depuis 2013.

Investissements concernés :

- Les avantages fiscaux liés aux investissements en :
  - Pinel -Duflot - Scellier – Forestier - Conservation et restauration d'objets classés.
  - DOM-TOM. Et SOFICA, dans la limite partielle du plafond de 18.000 €.
  - Résidence hôtelière à vocation sociale – LMNP.
  - Capital des PME et FCPI – FIP – SOFIPÊCHE.
  - Crédit d'impôt pour la résidence principale. (Intérêts d'emprunt <2012 et dépenses d'équipement en développement durable et/ou économies d'énergie).
  - Crédit d'impôt (actifs) ou réduction d'impôts (retraités) pour l'emploi d'un salarié à domicile, et pour la garde des jeunes enfants. - Télé déclaration.
  - Crédit d'impôt pour assurance risque de loyers impayés.

Dates d'entrée en vigueur du plafond depuis 2013 :

- Pour les investissements **IMMOBILIERS** réalisés à compter du **1er Janvier 2019** :
  - Acquis neufs ou en l'état futur d'achèvement.
  - Construction à titre individuel, date de la **déclaration d'ouverture de chantier**.
  - Acquisition de locaux pour : transformation en logements ou pour réhabilitation.
  - Souscription au capital des SCPI.
  - Pour les investissements **OUTRE-MER** réalisés à compter du **1er Janvier 2019** :
  - Immeubles dont la déclaration d'ouverture de chantier est à compter du 01/01/19.
  - Travaux de réhabilitation engagés à partir du 01/01/19, à l'exception de ceux pour lesquels des acomptes > à 50% de leur prix ont été versés avant cette date.
  - Investissements dont les demandes d'agrément ou d'autorisation préalable sont parvenues à l'administration à partir du 1er janvier 2019.
  - Biens meubles corporels livrés à compter du 01/01/19, à l'exception de ceux commandés avant cette date et dont des acomptes > à 50 % ont déjà été versés.

Tableau des différents plafonds de 2009 à 2019 :

- Un **contribuable**, en raison de ses investissements réalisés ces dernières années, **peut bénéficier simultanément des 5 plafonds**, au titre d'une même année d'imposition.

Avantages initiés à compter de :	Plafonnement des niches fiscales pour un même contribuable en 2014:
2009	**25.000 € + 10 % du RNGI.**
2010	**20.000 € + 8 % du RNGI.**
2011	**18.000 € + 6 % du RNGI.**
2012	**18.000 € + 4 % du RNGI.**
Depuis 2013	**10.000 € pour les avantages initiés depuis 2013**

Tableau des avantages fiscaux plafonnés :

AVANTAGES LIÉS Á UNE DIMINUTION DU REVENU BRUT GLOBAL (RBG) :
Revenus fonciers : • Amortissement Robien-Borloo de 6 % puis de 4 %. • Déduction de 10 % des loyers en cas de mobilité professionnelle.
AVANTAGES LIÉS Á UNE RÉDUCTION D'IMPÔT POUR :
Télé déclaration de l'IR.
Souscription au capital des PME - FCPI - FIP - SOFICA (18.000 €) - SOFIPÊCHE
Investissements locatifs de loisirs.
Investissements dans des résidences hôtelières à vocation sociale.
Travaux de restauration ou de conservation d'objets classés.
Investissements Outre-mer. (18.000 €).
Investissements forestiers.
Investissements spécifiques en LMNP.
Investissements en « Pinel » - « Denormandie » - « Duflot » - « Scellier ».
AVANTAGES LIÉS Á UN CRÉDIT D'IMPÔT POUR :
Intérêts d'emprunt pour la Résidence Principale.
Frais de garde des jeunes enfants.
Emploi d'un salarié à domicile.
Dépenses d'équipement de l'habitation principale en faveur de la transition énergétique.
Primes d'assurance contre les loyers impayés.

Le contribuable est tenu d'insérer dans sa 2042 tous les éléments nécessaires à la détermination de son plafonnement global des avantages fiscaux.

Á noter :

- **Maintien, en 2019, du plafond** de 18.000 €, pour les investissements **DOM-TOM**, et **SOFICA**.
- C'est le **plafond le moins élevé qui s'applique** en priorité, lors de cumul de plafonds.

Avantages fiscaux exclus du plafonnement :

- Avantages fiscaux lié à la **situation personnelle** (Pensions alimentaires – Handicap –…).
- Poursuite d'un **objectif d'intérêt général**, sans contrepartie (Dons aux associations – Mécénat – Préservation du patrimoine historique - …).
- Avantages **entraînant** une **diminution du RNGI :**
  - Exonérations de revenus catégoriels (Salaires – Revenus fonciers – RCVM - …).
  - Abattements spécifiques des régimes Micro (BIC – BNC – Foncier).
  - Avantages liés à la détermination du Quotient familial.
  - Diminution d'impôt procurée par des déficits fonciers imputables sans limitation de montant (Gros travaux effectués par le nu-propriétaire jusqu'en 2016, …).
  - Diminution d'impôt procurée par des déficits imputés sans limitation de montant (frais correspondant à la maintenance des brevets, …).
  - Diminution d'impôt procurée par des charges déductibles du RBG (Cotisations sociales et Loi Madelin des indépendants – Pensions alimentaires – Retraite mutualiste du combattant – Charges afférentes aux monuments historiques, …).
- Avantages **entraînant** une **diminution d'impôt** (Réductions et Crédits d'impôt) :
  - **Réductions d'impôt** pour :
    - Adhésion à un Centre (ou Association) de Gestion Agréé - Cotisation syndicales
    - Frais de scolarisation des enfants – Prestations compensatoires.
    - Primes d'assurances rente survie – Épargne handicap.
    - Suite à l'application du quotient familial (personne seule).
    - Contribuables domiciliés dans les DOM et COM.
    - Contribuables bénéficiant de la décote (cotisation inférieure à un montant).
    - Intérêts d'emprunt pour la reprise d'une société non cotée.
    - Hébergement en établissement de long séjour ou en section de cure médicale.
    - Intérêts perçus au titre du différé de paiement pour la transmission des exploitations agricoles.
    - Dons aux œuvres effectués par les particuliers et les entreprises.
    - Acquisition d'un trésor national.
    - Tutorat des créateurs et repreneurs d'entreprises.
    - Cotisations aux associations syndicales chargées du défrichement forestier.
    - Loi MALRAUX à partir de 2013, sauf si demande de permis construire ou déclaration de travaux déposées avant le 01/01/2013.
  - **Crédits d'impôt** pour :
    - Acquisition d'équipements en faveur des personnes âgées ou fragiles.
    - Dépenses de remplacement pour congés de certains exploitants agricoles.
    - La retenue à la source (Certains revenus de capitaux mobiliers – Á l'étranger ou la décote en tenant lieu, selon les conventions internationales prévues).
    - Accordés aux entrepreneurs individuels (BIC –BNC – BA) pour : Dépenses de recherches – Accès aux nouvelles technologies – Au bénéfice des buralistes, …

Calcul du plafonnement global depuis 2013 :
Le montant du plafonnement s'applique sous une seule limite : **10.000 €**, par foyer fiscal (Personne seule – Couple marié – Couple PACSÉ – Avec ou sans enfants à charge). Plus un **plafond majoré à 18.000 €** pour les investissements dans **l'outre-mer** et les **SOFICA.**

Méthode de calcul du plafonnement :
Mise en place d'une double liquidation de l'impôt sur le revenu par le fisc.

- Détermination de la cotisation d'IR dans les conditions de droit commun, c'est-à-dire tous revenus et tous avantages fiscaux compris.
- Détermination d'une cotisation d'IR « théorique », sans tenir compte des avantages fiscaux compris dans le champ d'application du plafonnement des niches fiscales.
- La différence entre ces 2 cotisations détermine l'économie totale d'impôt liée aux avantages fiscaux plafonnés.
- En cas de double plafonnement, (Plafond des 10.000 € et réduction d'impôt au titre des investissements outre-mer relevant du plafond des 18.000 €), la réduction globale (plafonnement) ne pourra pas dépasser 18.000 €.

Exemple 1 :
Un couple sans enfant déclare en 2019 un RNGI de 55.000 €.
RI sur Dons aux œuvres : 400 €. – RI sur FIP : 2.000 € - CI Salarié à domicile : 2.600 €.

	IMPÔT DE DROIT COMMUN Avec avantages fiscaux	**IMPÔT THÉORIQUE** Hors avantages plafonnés
RNGI :	**55.000 €**	**55.000 €**
Impôt Brut :	**5.368 €**	**5.368 €**
Réductions d'Impôt : • **Dons :** • **FIP :**	 **- 400 €** **- 2.000 €**	 **- 400 €**
Impôt avant CI :	**2.968 €**	**4.968 €**
Crédits d'impôt Salarié à domicile :	**- 2.600 €**	**-**
Impôt après CI :	**368 €**	**4.968 €**
Avantages fiscaux «plafonnables»	**4.600 €**	**- 4.600 €**
Plafonnement autorisé :	**10.000 €**	**10.000 €**
Impôt net à payer :	**368 €**	**368 €**

Exemple 2 :
Un couple ayant un RNGI de 500.000 €, avec pour 2019 les réductions d'IR suivantes :

- 28.000 € en outre-mer – 2.000 € en SCPI et 9.000 € en salarié à domicile :

Plafond pour 2019 à 10.000 € pour les SCPI et salarié à domicile. Soit 1.000 € en trop.

- Total des 3 réductions d'IR : 39.000 €, mais le plafond global en raison de l'outre-mer ne sera que de : 18.000 €.

Exemple 3 :

Un Médecin divorcé et vivant seul, déclare en 2019 les revenus suivants :

BNC : 140.000 €.

Pensions Alimentaires : 5.000 € (1 enfant majeur et détaché).

RI sur Dons aux œuvres : 400 €. – RI sur FIP : 2.000 € - RI sur FCPI : 2.000 € - RI sur PME : 4.000 € - RI sur SOFICA : 6.000 € - RI sur MALRAUX : 20.000 € - CI Salarié à domicile : 4.000 €. – CI sur Transition Énergétique : 3.000 €.

	IMPÔT DE DROIT COMMUN Tous avantages fiscaux compris	**IMPÔT THÉORIQUE Hors avantages plafonnés**
RBG :	140.000 €	140.000 €
Charges déductibles :	- 5.000 €	- 5.000 €
RNGI :	135.000 €	135.000 €
Impôt Brut :	**41.992 €**	**41.992 €**
Réductions d'Impôt : • Dons : • FIP : • FCPI • PME :	 - 400 € - 2.000 € - 2.000 € - 4.000 €	 - 400 €
Impôt avant CI :	33.592 €	41.592 €
Crédits d'impôt : • Salarié à domicile • Transition Énergétique	 - 4.000 € - 3.000 €	
Impôt après CI :	26.592 €	41.592 €
Total avantages fiscaux « plafonnables » :	20.000 € (Malraux échappe au plafonnement en 2019).	
1er Plafonnement autorisé :	10.000 €. Soit 5.000 € en trop.	- 10.000 €
2ème Plafonnement autorisé en raison du SOFICA : 18.000 € :	18.000 €	- 6.000 €
Impôt après les 2 plafonnements :	26.592 € + (5.000 € du Plafonnement - 6.000 € de SOFICA) = 25.592 €.	25.592 €
Impôt net après Malraux :	25.592 € - 20.000 € = 5.592 €.	5.592 €

PRINCIPAUX AVANTAGES INCLUS DANS LE PLAFONNEMENT DES NICHES FISCALES

Investissements ouvrant droit à la réduction ou au crédit d'impôt :	Economie maxi d'impôt par investissement pour un couple sans enfant :
	2019
Emploi aide à domicile :	6.000 €
Intérêts résidence principale : (2009 et 2010)	-
FIP et FCPI :	4.320 €
Capital des PME :	18.000 €
SOFICA :	6.480 €
DOM-TOM Locatif Social :	40.000 € (ou 15 % du RNGI)
Locatif services en LMNP :	3.667 €
SCELLIER :	4.333 €
PINEL - DUFLOT :	6.000 €

Á noter :

2 catégories d'investissement restent **soumises à l'ancien plafonnement** de 2012 de **18.000 € + 4 % du RNGI :**

- Pour les investissements **immobiliers locatifs initiés avant le 1er Janvier 2013** :
  - **LMNP** dans des résidences meublées ouvrant droit à la réduction d'impôt de 11 %.
  - Investissement locatif **Scellier** ouvrant droit à la réduction d'impôt de 6 ou 13 %.
    - **Á condition** que la **promesse d'achat** ou la **promesse synallagmatique** ait été **souscrite** par l'acquéreur **avant le 1er Janvier 2013.**
  - **Malraux**, dépenses de restauration immobilière d'immeubles bâtis pour lesquels une demande de P.C. ou une déclaration de travaux déposée avant le 01/01/13.
  - Idem, pour les constructions à titre individuel, si la date de la **déclaration d'ouverture de chantier** ou si la date du dépôt de la demande de permis de construire est < au 01/01/13, ainsi que pour les acquisitions de locaux pour transformation en logements ou pour réhabilitation, si au moins 50 % du prix ont été versés avant le 01/01/2013.
  - Souscriptions au capital de SOFICA réalisées avant le 1er Janvier 2013.
- Pour les investissements **OUTRE-MER initiés avant le 1er Janvier 2013** :
  - Immeubles dont la déclaration d'ouverture de chantier est < au 01/01/13.
  - Travaux de réhabilitation engagés avant le 01/01/13 et pour lesquels des acomptes > à 50% de leur prix ont été versés avant cette date.
  - Investissements dont les demandes d'agrément ou d'autorisation préalable sont parvenues à l'administration avant le 1er janvier 2013.
  - Biens meubles corporels commandés < le 01/01/13 et pour lesquels des acomptes > à 50 % ont déjà été versés avant le 01/01/2013.

LA LOCATION EN MEUBLÉ

Définition :

- Location soumise au régime des BIC et régie par le Code Civil. (Activité Civile).
- Depuis la Loi ALUR d'Août 2015, mise en place d'un **bail** écrit au locataire mentionnant la location en meublée avec un inventaire comprenant au minimum 11 éléments :
  - une penderie, un chauffage, un sommier, une literie comprenant couette ou couverture, un dispositif d'occultation des fenêtres pour la chambre à coucher, des plaques de cuisson avec un four ou micro-ondes, un réfrigérateur comportant au minimum un freezer, de la vaisselle nécessaire à la prise des repas avec des ustensiles de cuisine, une table et sièges, des étagères de rangement, des luminaires, ainsi que du matériel d'entretien ménager.

Plusieurs types de location meublée coexistent :

- Location de chambres d'hôtes et les gîtes ruraux. - Location meublées saisonnières.
- Location de chambres d'étudiants.
- Location d'appartements dans une résidence de personnes âgées dépendantes.
- Location d'appartements dans une résidence de tourisme ou hôtelière, à condition que le propriétaire bailleur n'intervienne pas dans la gestion de l'activité hôtelière. (Mise en place d'un bail et non d'un mandat).
- Prestations d'hébergement par les organismes sans but lucratif, pour les personnes défavorisées, ou pour leurs propres membres.
- Location nue à une société d'hébergement, dont le montant du loyer fixé dans le bail varie en fonction du chiffre d'affaires ou du taux d'occupation des chambres.
- Investissement en FPI et OPCI à l'IR possible, tant en meublé Pro que non Pro.

La prestation de services para-hôteliers entraîne l'exclusion du statut de loueur en meublé. L'administration fiscale précise :

- « Les loueurs en meublés s'entendent des personnes qui louent directement ou indirectement des locaux d'habitation meublés ou destinés à être meublés. Par location, il convient d'entendre l'ensemble des conventions ayant pour objet de conférer à un tiers la jouissance des locaux meublés, moyennant rémunération, pour une certaine durée, déterminée ou non. Ne sont, en revanche, pas concernées les conventions d'hébergement qui, en raison des services fournis ou proposés, dépassent la simple jouissance du bien ».

Statut fiscal :

2 approches fiscales sont possibles :

- Le Loueur en Meublé Non Professionnel (LMNP).
- Le loueur en Meublé Professionnel (LMP).

LE LOUEUR EN MEUBLÉ NON PROFESSIONNEL (LMNP)

Soumis à aucune condition de recettes (moins de 23.000 € de recettes), le loueur en meublé non professionnel, pour sa déclaration, a le choix entre le micro-BIC et le réel :

- **Le Micro-BIC : <u>Activité de Prestations de services</u> à compter de 2009.**
    - Seuil de recettes H.T. n'excédant pas **70.000 €** par an. (Au-delà, l'activité relève de droit du régime du réel simplifié).
    - Les gîtes ruraux depuis 2016 entrent dans cette catégorie.
    - Le loueur indique le montant total des loyers perçus (recettes) et le fisc procède à un **abattement forfaitaire de 50 %. Le bénéfice** imposable entrant dans le Revenu Brut Global (RBG) est donc de **50 % des loyers**.
    - Imposition à l'IR en fonction de la TMI + les prélèvements sociaux.
    - **Certaines activités d'hébergement** (Meublés de tourisme - Chambres d'hôtes) **demeurent soumises** au régime du micro dans la catégorie des ventes (**Recettes HT < à 170.000 €** et Abattement de 71 %).
- **La déclaration au réel :**
    - Le loueur tient une comptabilité classique des BIC (la 2031). Le résultat est déterminé par la différence entre ses recettes (loyers) et ses charges, y compris l'amortissement sur les immeubles détenus.

- Le **déficit** n'est **pas déductible** du RBG, mais uniquement **imputable** pendant **10 ans** sur des **BIC non professionnels** (LMNP) à venir.
- En cas de **vente du bien immobilier**, le loueur est soumis aux règles des plus values immobilières du particulier, **exonérées au-delà de 22 ans et 30 ans** de détention.
- **Á compter du 1er Janvier 2009, pour les acquisitions des résidences :**
    - Pour **personnes âgées -** Pour étudiants - De tourisme classées, ...
    - Achat d'un logement **neuf, en VEFA ou rénové, réduction d'impôt de 11 %** du prix de revient **plafonné à 300.000 €** par an.
    - **Engagement de détenir** et **louer à l'exploitant** de la résidence pendant **9 ans.**

Á noter : Conseil Constitutionnel du 00/02/2018 :

- **Affiliation au RSI**, en cas d'activité de location de locaux d'habitation meublés de courte durée procurant des **revenus locatifs** annuels **dépassant 23.000 €**, ou si un membre du foyer fiscal est inscrit au RCS en qualité de LMP, ainsi que AIRBNB.
- **Sauf** si bien géré par une agence professionnelle bénéficiaire d'un mandat de gestion.
- Les produits de la location ou de la sous-location en meublé d'une partie de la résidence principale, sont exonérés d'IR à condition que le prix de location soit raisonnable. Pour **2019**, cette condition est réputée remplie si le loyer annuel par m2 de surface habitable, charges non comprises, n'excède pas **187 €** en IdF et **138 €** dans les autres régions.
- Les loyers des chambres d'hôtes sont exonérés s'ils n'excèdent pas 760 € par an.

GÎTES TOURISTIQUES

Principe :

- Les activités de gîtes touristiques (« meublés de tourisme ») relèvent des BIC.
- Depuis 2016, ils sont classés de 1 à 5 * selon **112 critères**, par un organisme accrédités par le Comité Français d'Accréditation (COFRAC).

Exonération des très petits exploitants de chambres d'hôtes :

- L'activité des chambres d'hôtes peut bénéficier de l'exonération d'IR si la location ou sous-location d'une partie de l'habitation principale n'excèdent pas 760 € TTC /an.
- Cette limite comprend les prestations annexes (téléphone, petit-déjeuner...).
- En cas de dépassement des 760 €, les loyers sont imposables en totalité.

Régime des micro-entreprises :

- Les activités des gîtes touristiques et chambres d'hôtes sont taxées dans les mêmes conditions que les activités hôtelières.
- Le **seuil** est de **170.000 €** et non celui de 70.000 € des activités de loueurs en meublé et les gîtes ruraux depuis 2018.

Exonération de TVA, sauf offre de prestations para-hôtelières

- Les locations occasionnelles, permanentes ou saisonnières, de logements meublés ou garnis à usage d'habitation sont exonérées de TVA.
- En revanche, l'activité de prestations para-hôtelières est soumise à la TVA.
- L'activité para-hôtelière est caractérisée par l'offre, en sus de l'hébergement, d'au moins 3 des prestations suivantes :
  - Petit déjeuner - Nettoyage régulier des locaux - Fourniture de linge de maison ou réception, même non personnalisée, de la clientèle, dans des conditions similaires à celles proposées par les établissements à caractère hôtelier exploités de manière professionnelle.
- Les prestations para-hôtelières seront donc imposables en totalité au taux réduit de TVA à 10 % depuis Janvier 2014.
- Si l'exploitant ne propose pas, en sus de l'hébergement, au moins 3 des prestations, il ne relève pas de la TVA, et ne peut donc pas récupérer la TVA sur l'acquisition ou les travaux consécutifs à la rénovation du gîte ou de la chambre d'hôte.
- La franchise de TVA s'applique si le CA n-1 para-hôtelier réalisé est < à 23.000 €.

Exonération de CFE, sauf délibération contraire :

- La location des meublés de tourisme peut bénéficier de l'exonération de CFE et de taxe foncière (et de taxe d'habitation si ZRR), s'il s'agit de locaux loués dépendant de leur résidence personnelle (principale ou secondaire), dont les loueurs se réservent éventuellement la disposition en dehors des périodes de location.

RÉDUCTION D'IMPÔT POUR INVESTISSEMENT LOCATIF EN MEUBLÉ NON PROFESSIONNEL : « CENSI-BOUVARD »

Objectif :

- Mise en place d'une **réduction d'impôt** pour l'acquisition de logements dans des résidences avec services ou dans des structures spécialisées et **loués en meublé non professionnel pendant 9 ans** au minimum à l'exploitant de la résidence.
- Acquisitions réalisées **du 01/01/09 au 31/12/21** pour :
  - Les logements neufs situés dans des résidences de tourisme non classées, dont la déclaration d'ouverture de chantier est antérieure au 01/01/09. (Fin 31/12/2016)
  - Les logements situés dans une résidence de tourisme, classée ou non classée, achevés depuis au moins 15 ans au 01/01/09 et ayant fait l'objet d'une réhabilitation ou d'une rénovation, dont la demande de permis de construire ou la déclaration de travaux, au titre de cette résidence de tourisme, a été déposée entre le 01/01/06 et le 31/12/08 et à condition qu'au moins un des logements a été acquis ou réservé dans cette période. (Fin du dispo Resid.Tourisme à fin 2016)
  - Les logements ayant fait l'objet de travaux de réhabilitation ou de rénovation, sous réserve que les travaux permettent, après leur réalisation, de satisfaire à un ensemble des performances techniques définies par décret.

Á noter :

- L'investissement est réputé réalisé à la date de la signature de l'acte authentique d'achat du logement.
- Aucune condition d'achèvement du logement n'est exigée.

Bénéficiaires :

- Personnes physiques effectuant l'opération en pleine propriété ou en indivision.
- Le démembrement est impossible (sauf démembrement en cas du décès du conjoint).
- Domiciliées en France et déclarant ces revenus dans la catégorie des BIC Non Prof.

Biens locatifs concernés :

- Résidence-services pour étudiants. - (**Fin au 31/12.2016** pour les **Résidence de tourisme** classée faisant l'objet d'une exploitation permanente ou saisonnière).
- Établissement de soins ayant pour objet de dispenser des soins de longue durée, avec hébergement pour des personnes sans autonomie et nécessitant une surveillance médicale constante, avec traitements d'entretien.
- Établissement d'accueil des personnes les plus fragiles (Établissements de services sociaux et médico-sociaux accueillant des personnes âgées ou des adultes handicapés apportant une assistance et des prestations de soins ou une aide à l'insertion sociale).
- Structure affectée à l'accueil familial salarié et gérée par un groupement de coopération sociale ou médico-sociale GCSMS (Accueil des personnes âgées - adultes

handicapés des territoires ruraux dépourvus d'hébergement collectif en maintenant ces personnes près de chez eux en offrant des conditions d'habitat adaptées).

- Logements situés dans une résidence de services pour personnes âgées ou handicapées ayant obtenu l'agrément « qualité » au titre des activités de services à la personne, proposant par exemple l'accompagnement dans les actes essentiels de la vie (aide à la mobilisation, aux déplacements, activités domestiques ou de loisirs, etc.) et qui ne constituent pas des établissements médico-sociaux.

Fiscalité :

Engagement de l'investisseur à louer au moins 9 ans à l'exploitant de la résidence.

- La location doit **débuter dans le mois** qui suit la date :
  - Pour les logements acquis neufs ou en VEFA : à la date d'acquisition ou la DAT.
  - Pour les logements achevés depuis au moins 15 ans ayant fait l'objet d'une réhabilitation : à la date d'acquisition.
  - Pour les logements faisant l'objet de travaux de réhabilitation : à la date d'achèvement des travaux.

Montant de l'investissement ouvrant droit à la Réduction d'impôt :

- **Plafond annuel** global d'investissements inférieur à **300.000 €.**
- Ce plafond s'applique pour :
  - Le prix de revient du logement (Prix d'acquisition + Travaux de réhabilitation éventuels + Frais de notaire, des droits d'enregistrement, de publicité foncière).
  - La quote-part du prix de revient correspondant aux droits de chaque indivisaire.

Taux de la réduction d'impôt :

- **11 %** de 2012 à 2021.

Á noter :

- Le taux est apprécié à la date de la signature de l'acte authentique.
- Un logement acquis en 2011, et achevé en 2013 ouvrira droit à la réduction de 18 %.
- Un logement acquis en 2013 mais achevé en 2014, ouvrira droit à la réduction de 11 %.

Étalement de la réduction d'impôt :

- La réduction d'impôt est étalée en parts égales sur **9 ans**, à raison d'**1/9° par an**.
- Elle est applicable au titre de l'année de l'acquisition ou de la DAT.
- Si acquisition + travaux, au titre de la DAT.
- Aucune condition de date d'achèvement du logement n'est exigée.
- Si la **réduction d'impôt**, une année, est **supérieure à l'impôt dû**, le solde peut être **reportable** pendant **6 ans** sur un IR positif à venir.

Amortissements :

- Les amortissements de l'immeuble bénéficiant de la réduction d'impôt ne sont admis en déduction qu'à hauteur des amortissements calculés sur la fraction du prix de revient du logement excédant le plafond des 300.000 €. (Et que ce qui dépasse). Même si ensuite le propriétaire devient Loueur en meublé professionnel (LMP).
- Exemples :
  - **Acquisition d'un logement en 2019 de 350.000 € :**
    - Réduction d'impôt : 300.000 € x 11 % = 33.000 €, soit 3.667 € par an.
    - Base amortissable : 50.000 € (ce qui excède 300.000 € uniquement).
  - **Acquisition d'un logement en 2019 de 200.000 € :**
    - Réduction d'impôt : 200.000 € x 11 % = 22.000 €, soit 2.444 € par an.
    - Base amortissable : 0 € (car bien acquis inférieur à 300.000 €).
- La perte d'amortissement reste applicable dans le cas où le propriétaire devient Loueur en Meublé Professionnel, tant que le bien restera inscrit à l'actif.

Á noter :

- La **réduction d'impôt** débute **l'année de l'acquisition du bien, ou à la D.A.T.**
- Non-cumul possible avec la réduction d'impôt liée au DOM-TOM.
- En cas de non-respect de l'engagement de location, reprise de la réduction d'impôt au titre de l'année de rupture de l'engagement. Sauf en cas d'invalidité - de licenciement - de décès du propriétaire ou de son conjoint.

Tableau de synthèse de la Réduction d'Impôt en CENSI-BOUVARD LMNP :

Date et modalités d'engagement	Date Acte authentique d'achat	Taux de la RI
Acquisition en VEFA		
Contrat de réservation enregistré chez un notaire ou aux services des impôts jusqu'au 31/12/2011 :	**Acte authentique d'achat du 01/01/12 au 31/03/12 :**	**18 %**
	Acte authentique d'achat du 01/04/12 au 31/12/21 :	**11 %**
Pas d'enregistrement du contrat en 2011	**Acte authentique achat en2012**	**11 %**
Autre Acquisitions		
Promesse synallagmatique ou promesse d'achat jusqu'au 31/12/2011 :	**Acte authentique d'achat en 2012 :**	**18 %**
Promesse synallagmatique ou promesse d'achat à partir du 01/01/2012 - 31/12/2021 :	**Acte authentique d'achat de 2012 au 31/12/2021 :**	**11 %**

Á noter :Conseil Constitutionnel du 08/02/2018 :

- **Affiliation au RSI**, en cas d'activité de location de locaux d'habitation meublés de courte durée procurant des **revenus locatifs** annuels **dépassant 23.000 €**, ou si un membre du foyer fiscal est inscrit au RCS en qualité de LMP, ainsi que AIRBNB.
- **Sauf** si bien géré par une agence professionnelle bénéficiaire d'un mandat de gestion.

LE LOUEUR EN MEUBLÉ PROFESSIONNEL (LMP)

Á compter des **revenus de 2009**, pour bénéficier du statut fiscal de loueur en meublé professionnel (LMP), le propriétaire (Foyer fiscal compris) doit remplir cumulativement **2 conditions** :

- **Percevoir** de cette activité **par le foyer fiscal**, des **recettes annuelles supérieures à 23.000 € HT**.
  - Si l'activité est réalisée au sein d'une société à l'IR (EURL - SARL - SNC), la limite des 23.000 € est appréciée par associé, en fonction de sa quote-part des droits sociaux détenus dans les bénéfices sociaux de la société.
- **Les recettes** de loueur en meublé doivent **excéder l'intégralité** des **revenus nets professionnels du foyer fiscal**.
  - Les **recettes** tirées de l'activité **de la location en meublé** sont comparées au total des revenus nets professionnels (avant déduction des charges du revenu global et des déficits antérieurs) et, le cas échéant, les revenus taxables à un taux proportionnel.
  - Les **revenus professionnels** sont : Les traitements et salaires - Pensions et rentes viagères (Article 79 du CGI) - Les BIC - BNC et BA - Et les revenus des gérants et associés (Article 62 du CGI).
  - Le seuil de recettes s'apprécie en retenant le total des **recettes réalisées** par les **membres d'un même foyer fiscal**.

Á noter :

- Pour être **exonéré d'IFI**., les **2 conditions** doivent **être** également **remplies**.
- Cette réforme du statut du LMP concerne toutes les opérations de LMP en cours.
- Cependant, des mesures transitoires sont prévues.
- Si l'activité est exercée par une société de personnes à l'IR (SNC - EURL - SARL), les associés doivent respecter les 2 conditions.

En cas de création, d'acquisition en cours d'année, ou **acquisition en VEFA :**

- Le seuil des 100 % et la limite de 23.000 € HT, sont ajustés en proportion du nombre de mois d'exercice de l'activité au cours de l'année, depuis l'acquisition du bien.
- Cet ajustement au prorata temporis s'effectue distinctement pour chaque immeuble loué.
- La **location** est **réputée débuter** à la **date d'acquisition** ou d'achèvement du bien, et non à partir de sa mise en location effective.

Exemple :

- Acquisition d'un immeuble le **1er Avril 2019.**
- **Location** réelle en meublé à partir du **1er Juin 2019.**
- « Loyer » mensuel 2.000 €. Soit pour 2019 : 7 mois à 2.000 € = 14.000 € de recettes.
- Montant des **recettes à prendre** en compte pour l'appréciation du caractère professionnel de l'activité :
  - $\frac{14.000\ € \times 12\ mois}{9\ mois}$ = **18.667 €.**

Mesure Transitoire entre l'ancien et le nouveau régime :

- Pour l'appréciation des recettes de la location en meublé devant excéder les revenus nets professionnels, relatives aux immeubles loués depuis 2000 ou acquis (même en VEFA) avant le 1er Janvier 2009 :
- Les recettes de ces immeubles seront multipliées par 5.
- Cette majoration sera diminuée de 2/5° du montant des recettes par année écoulée depuis le début de la location, dans la limite de 10.

Exemple :

Une personne exerce une activité de Loueur en meublé **depuis 2006**, avec **40.000 €** de recettes annuelles de façon constante. Ses **salaires** nets sont **de 60.000 €.**

Á compter de 2009, le montant des recettes à comparer aux revenus nets professionnels est de :

Années	**2009**	**2010**	**2011**	**2012**	**2013**	**2014**	**2015**	**2016**
Recettes réelles	**40.000 €**	**40.000€**	**40.000€**	**40.000€**	**40.000€**	**40.000€**	**40.000€**	**40.000€**
Recettes x 5	**200.000€**	**200.000€**	**200.000€**	**200.000€**	**200.000€**	**200.000€**	**200.000€**	**200.000€**
Décote	**48.000 €**	**64.000 €**	**80.000 €**	**96.000 €**	**112.000£**	**128.000€**	**144.000€**	**160.000€**
Recettes prises en compte	**152.000€ LMP**	**136.000€ LMP**	**120.000€ LMP**	**104.000€ LMP**	**88.000 € LMP**	**72.000 € LMP**	**56.000 € LMNP**	**40.000 € LMNP**
Pour 2009 : 3 années se sont écoulées depuis le début de la location (2006 à 2008). La décote sera donc de : (40.000 € x 2/5) x 3 = 48.000 €. - Pour 2010 : (40.000 € x 2/5) x 4 = 64.000 €. - Etc.								

Date du début de la location :
L'exercice de l'activité de LMP débute à la date d'acquisition du bien, et non à la date de la création de la structure exerçant l'activité de LMP, ni à la date de conclusion du bail.

- La location débute à la date d'acquisition de l'immeuble.
- En cas d'acquisition en l'état futur d'achèvement des travaux (VEFA), c'est à la date de l'achèvement des travaux ou de la construction (DAT) que la date de location débutera, ainsi que pour le délai des 5 ans, relatif à l'article 151 Septies.
- Pour l'appréciation des seuils de 23.000 € et de 100 % des revenus professionnels, les recettes de l'année où commence la location (ou la cessation totale de l'activité de location) sont ramenées à 12 mois.

Déficits relatifs au LMP :

- Á compter des **revenus de 2009**, les **déficits** constatés **en tout début d'activité** par les loueurs en LMP sont **déductibles** du Revenu Brut Global (RBG) du foyer fiscal à hauteur **d'un tiers par an**, pendant **3 ans.**
- En conséquence, si tous les frais (charges financières notamment) relatifs à la livraison du bien, sont liés à la même opération économique, leur **imputation sur le Revenu Brut Global** est désormais possible, à la D.A.T. (date fiscale de location du bien), à **hauteur d'1/3 par an** sur les 3 premières années de location.

Exemple :

- **Acquisition** d'un bien en **2019 en VEFA**.
- **Déficits totaux** constatés de **21.000 €** pour les années 2019 et 2020.
- **Livraison en 2021** et l'activité relève du **LMP dès 2021.**
- Le **déficit global** de 21.000 € va **s'imputer** à hauteur de **7.000 € par an**, au titre des années 2021 – 2022 et 2023.

Á noter :

- Mesure peut probable en raison de la notion du chiffre d'affaires à réaliser...

Exonération des plus-values professionnelles :

- L'article 151 Septies relatif au LMP concerne **l'activité de prestations de services**. En conséquence, à compter du 1er Janvier 2009 :
  - Le bien est **exonéré d'impôt sur les plus-values** et de prélèvements sociaux, lors de sa vente, **si** l'activité de LMP est exercée depuis **plus de 5 ans** et si les **recettes annuelles** (loyers) sont inférieures ou égales à **90.000 €.**
  - L'**exonération** sera **partielle**, **si** les recettes annuelles sont supérieures à 90.000 € et **inférieures à 126.000 €.**

Si comptabilité au réel normal ou simplifié :
LOYERS (CA)

Moins :

- Frais d'acquisition, d'études et recherches.
- Dépenses d'entretien, réparation et amélioration.
- Intérêts d'emprunt plus A.D.I.
- Charges de propriété ou de co-propriété.
- Taxe foncière.
- CET /CVAE (3,5 % des loyers).
- Frais de comptable.
- Charges sociales (maladie, allocations et retraites).
- Dotations aux amortissements.

La dotation aux amortissements du bien immobilier est :
- Plafonnée chaque année au montant des loyers perçus, diminuée des autres charges déduites.
- Cependant l'excédent non déduit d'amortissement comptable est à reporter pour les années suivantes.

Les taux d'amortissement
Suite aux nouvelles normes comptables IFRS, l'administration fiscale a modifié sensiblement les durées d'amortissement par composant. Ainsi les immeubles sont désormais décomposés en plusieurs éléments ayant chacun leur propre durée d'amortissement :
- Gros œuvre : + de 50 ans, soit moins de 2 % par an.
- Façades et étanchéité : de 20 à 50 ans, soit 5 à 2 % par an.
- Equipements : de 15 à 30 ans, soit de 6,67 à 3,33 % par an.
- Agencements : de 5 à 15 ans, soit de 20 à 6,67 % par an.
- 3,5 % à 5 % pour les immeubles anciens.

Pour simplifier, l'administration fiscale estime que pour les logements :
- Le gros œuvre représente de 40 à 50 % de la valeur globale de l'immeuble.
- Les façades et étanchéité de 5 à 20 %.
- Les équipements de 20 à 30 %.
- Les agencements de 20 à 25 %.

À noter :

- En tant que commerçant, le loueur en meublé professionnel est soumis aux cotisations sociales des T.N.S. et doit acquitter la CVAE/CET. Sommes déductibles des revenus.
- Les locations ou sous-locations d'une quote-part de la résidence principale, à un locataire pour sa résidence principale, ainsi qu'une location occasionnelle d'une partie de sa résidence principale pour un montant ‹ à 760 €, sont exonérées.
- Le Code de la construction et de l'habitation, oblige le propriétaire bailleur qui ne souhaite pas renouveler son bail :
  - D'informer le locataire au mini 3 mois à l'avance, avant l'échéance du bail.
  - Motiver ce non renouvellement.
  - 3 raisons sont désormais acceptées :
    - Reprise du logement pour occupation personnelle.
    - Vente du logement.
    - L'inexécution du contrat par le locataire.
- Pour être **qualifié d'exploitant**, le propriétaire loueur, **doit supporter les risques** de l'exploitation. Aussi, la convention de mandat de gestion doit prévoir que la société prestataire de services (qui exploite la résidence et assure la gestion des hébergements et des prestations hôtelières) doit agir en qualité de mandataire des propriétaires, sans protéger les propriétaires des risques à avoir à supporter les pertes générées par l'exploitation hôtelière.

SYNTHÈSE :

LOYERS > 23.000 € et › 100 % des revenus Prof.	Prof.
LOYERS ≤ 23.000 € et < 100 % des revenus Prof.	Non Prof.
LOYERS ≤ 23.000 €. et > 100 % des revenus Prof.	Non Prof.

Le LMP et l'IFI :

- Le dirigeant qui exploite une société ou une entreprise individuelle pourra voir les éléments constituant son outil de travail échapper à l'IFI au titre des biens professionnels.
- Si les conditions requises sont remplies, l'outil de travail échappera à l'IFI à hauteur de la valeur des titres correspondant à l'actif professionnel, ce qui pourra, selon le cas, représenter la valeur totale des titres.
- Mais la notion de biens professionnels reste très sensible aux yeux du fisc… qui se donne le droit de pouvoir revenir 6 ans en arrière sur l'exonération des biens professionnels.
- Dans les sociétés de personnes, la notion de biens professionnels est liée à l'exercice de son activité professionnelle principale (temps sinon : revenus).
- **Pour une entreprise individuelle**, si l'activité est exercée à titre principal par le propriétaire des biens professionnels, elle sera exonérée de l'IFI.
- **Les parts de sociétés à l'IR** sont considérées comme des biens professionnels donc exonérées de l'IFI lorsque le redevable y exerce son activité professionnelle principale (temps – revenus) : SNC – EIRL - SARL de Famille – EURL – EARL – SCP -…
- Mais chaque associé, pour être exonéré d'IFI doit y exercer son activité principale.

Les différents abattements :

- 30 % sur la résidence principale.
- 20 % pour un bien locatif loué.
- 40 à 50 % pour un logement soumis à la Loi Malraux dont la reprise est interdite jusqu'au décès du locataire.
- 20 à 30 % sur des immeubles détenus en indivision, car c'est une contrainte juridique qui empêche de vendre le logement sans l'accord des autres indivisaires.
- 75 % pour les bois et forêts ainsi que pour les parts de GFF, et les biens ruraux loués par un bail à long terme (18 ans).

L'activité de LMP est exonérée de TVA sauf :

- Les prestations d'hébergement fournies dans les hôtels de tourisme classés.
- Les prestations d'hébergement fournies dans les villages de vacances classés ou agrées, dans certains villages résidentiels de tourisme et dans certaines résidences de tourisme classées.
- La mise à disposition d'un local meublé ou garni, lorsque l'exploitant offre le petit déjeuner, le nettoyage quotidien, la fourniture du linge de maison et la réception de la clientèle.
- Les structures para - hôtelières.
- Dans ces différents cas, la T.V.A. est récupérable et l'activité est exonérée de CRL.

Transformation de locaux nus en meublés :

- Des règles d'urbanisme ont été mises en place pour éviter une trop grande transformation de locaux nus en locaux meublés.
- Certaines communes et agglomérations interdisent au propriétaire d'un logement loué auparavant en nu de **le transformer en meublé**, sans **autorisation du Préfet** ou de l'autorité administrative ayant reçu délégation, après avis du maire.
- Accords-conventions conclus en violation de ces dispositions sont frappés de nullité.
- L'investisseur encourt donc le risque de voir son investissement requalifié en investissement locatif non meublé (et devoir les sommes déduites de ses impôts, avec pénalités de retard...).
- Sont visées par ces dispositions limitant le principe de la location meublée :
    - Paris, y compris les communes avoisinantes, dans un rayon de plus de 50 km des anciennes fortifications.
    - Les communes de plus de 10.000 habitants (après déduction de certains effectifs tels que les hôpitaux, les casernes et les prisons).
    - Les communes où la Loi de 1948 a été déclarée applicable.
    - Cette interdiction s'applique essentiellement aux personnes qui louent de manière habituelle plusieurs logements meublés.
- Cette restriction d'urbanisme limite considérablement la possibilité de pratiquer la location en meublé, notamment à Paris et en région parisienne.
- Sur cette zone, l'autorisation préfectorale est généralement refusée, à moins que l'on dégage une surface égale de logements nus dans le même quartier.

TAXE SUR LES MICRO-LOGEMENTS

- Les propriétaires louant un **micro-logement de moins de 14 m2** doivent s'acquitter de « la taxe Apparu », lorsque le bien immobilier loué est situé en Zone A, **dès que le loyer dépasse 42,47 Euros** pour **2019**, hors charges, par m2 de surface habitable.
- Le **taux de la taxe varie de 10 à 40 %** et dépend de l'écart entre le loyer mensuel, hors charges, payé par le locataire et la valeur du loyer de référence.

Taux d'écart entre le montant du loyer mensuel, hors charges, et la valeur de référence :	Taux de la taxe :
• Si l'écart est inférieur à 15 % :	10 %
• Si l'écart se situe entre 15 et 30 % :	18 %
• Si l'écart se situe entre 30 et 55 % :	25 %
• Si l'écart se situe entre 55 et 90 % :	33 %
• Si l'écart est supérieur à 90 % :	40 %

Exemple :

- Logement de 12 m2 à Paris, avec un loyer de 840 € hors charges, soit 70 €/m2.
- L'écart entre le loyer et celui de référence : (70 € - 42,47 €)/42,47 x 100 = 64,82 %.
- Ce pourcentage se situe entre 55 et 90 %, la taxe est donc de 33 %.
- Loyers encaissés : 840 € x 12 = 10.080 €. - **Taxe à payer** : 10.080 € x 33 % = 3.326 €

DIFFÉRENCES FISCALES ENTRE LE LMP ET LE LMNP

La location meublée est une **activité civile** imposée dans la catégorie des BIC.

Des revenus imposés dans la catégorie des Bénéfices industriels et commerciaux

- Les bénéfices de l'activité de location meublée sont imposés dans la catégorie des BIC et non dans la catégorie des revenus fonciers comme pour la location nue.
- Le loueur en meublé relève des caractéristiques fiscales propres aux BIC et ses bénéfices imposés par principe au régime du micro-BIC et sur option au régime réel.
- Le régime du micro-BIC s'applique si les recettes de l'activité n'excèdent pas :
  - 170.000 € pour les activités des gîtes ruraux, des chambres d'hôtes et autres meublés de tourisme.
  - 70.000 € pour les autres activités de location meublée (y compris les locations meublées dans les résidences services telles les EHPAD, résidence étudiante, ...).

Le régime micro-BIC :

- Le loueur déclare le total des recettes annuelles, sans déduction de charge, et le fisc applique un abattement de 71% (Gîtes ruraux, chambres d'hôtes et autres meublés de tourisme) ou 50% (Autres activités de location meublée, y compris les locations meublées dans les résidences services telles les EHPAD, résidence étudiante, ...), pour déterminer le montant du bénéfice imposable à l'IR/TMI.

Le régime réel d'imposition :

- L'option pour le régime réel s'effectue avant le 1er Février de l'année ou le loueur opte pour le réel, en déterminant son revenu imposable à l'IR par différence entre :
  - Les recettes perçues dans le cadre de son activité de location meublée.
  - Et les charges fiscalement déductibles. La catégorie des bénéficies industriels et commerciaux est à ce titre nettement plus attrayante que la catégorie des revenus fonciers. Les charges déductibles pourront être les frais d'acte notarié, les frais d'agence, l'amortissement. Ces frais ne sont pas déductibles dans le cadre d'une activité de location vide.

Tableau de synthèse des charges déductibles entre location nue et location meublée

	Location nue (RF)	Location meublée (LMNP / LMP)
Frais d'agence à l'acquisition de l'immeuble	NON	OUI, déduit ou Amortissement immeuble
Frais de notaire à l'acquisition de l'immeuble	NON	OUI, déduit ou Amortissement immeuble
Frais d'entretien de l'immeuble	OUI	OUI
Travaux de construction, agrandissement et reconstruction	NON	OUI : Amortissement de l'immeuble
Travaux de réparation et d'amélioration	OUI	OUI
Amortissement de l'immeuble	NON	OUI
Taxe foncière	OUI	OUI
Intérêts d'emprunt	OUI	OUI

Distinction entre l'activité de LMP et LMNP :

- **Le loueur en meublé professionnel** doit respecter cumulativement, **2 conditions** :
    - Les recettes annuelles retirées de cette activité par l'ensemble des membres du foyer fiscal excèdent 23.000 €.
    - Ces recettes excèdent les revenus du foyer fiscal soumis à l'IR dans les catégories des TS, des BIC autres que ceux tirés de l'activité de meublée, des BA, des BNC et des revenus des gérants majoritaires et associés de SARL à l'IS.

Sort des déficits d'exploitation en LMNP :

- Ils s'imputent uniquement sur les revenus de LMNP au cours des 10 années suivantes pendant lesquelles l'activité est exercée à titre non professionnelle.
- Si passage en LMP, ces reports ne sont pas imputés.

Sort des déficits d'exploitation en LMP :

- Les déficits en LMP sont imputables sur le RBG sans limitation de montant, contrairement au 10.700 € (15.300 € si Cosse avec travaux) de plafond pour l'activité de location nue.

L'imposition des plus values en LMNP :

- Les plus-values réalisées lors de la cession de locaux meublés relèvent des règles des PVI des particuliers, avec exonération après 30 ans de détention.
- La donation d'un immeuble en LMNP ou le décès du loueur non professionnel, est exonérée des plus values.

L'imposition des plus values dans la cadre d'une activité de location meublée professionnelle (LMP) :

- L'activité de LMP est soumise au régime des plus values professionnelles.
- Lors de la cession de l'immeuble, ou de la cessation d'activité suite à la donation de l'immeuble en LMP ou décès du loueur professionnel, les plus values sont calculées par différence entre le prix de cession et la valeur nette comptable.
- La plus value est augmentée du montant des amortissements constatés durant l'exploitation. La plus value à CT représentative du montant des amortissements constatés est imposable à l'IR/TMI, et la plus value à LT est taxée à 12,8%.

L'article 151 septies pour une exonération de l'impôt sur la plus-value :

- Les plus values de l'activité de LMP sont exonérées si les recettes n'excèdent pas 90.000 € et que l'activité de LMP est exercée depuis plus de 5 ans.
- Cette exonération ne porte que sur l'IR.
- Les cotisations sociales pour les LMP ne sont pas exonérées.

LE MEUBLÉ ET LES COTISATIONS SOCIALES

L'affiliation au régime de la sécurité sociale des indépendants (SSI) ne suit plus la qualification fiscale de la location meublée.
La qualification de LMP ne suffit pas à déterminer si le loueur en meublé devra payer des cotisations sociales au SSI à la place des prélèvements sociaux.
Sont affiliés au régime de la sécurité sociale applicable aux travailleurs indépendants :

- Les personnes exerçant une activité de location de locaux d'habitation meublés dont les recettes sont supérieures à 23.000 €, lorsque ces locaux sont loués à une clientèle y effectuant un séjour à la journée, à la semaine ou au mois et n'y élisant pas domicile, sauf option contraire de ces personnes lors de l'affiliation pour relever du régime général, ou lorsque un membre du foyer fiscal au moins est inscrit au RCS en qualité de loueur professionnel.
- Il s'agit bien des recettes, c'est à dire les « loyers » (CA) perçus, charges incluses.
- Il ne faut pas confondre recettes et bénéfice imposable.
- Les loueurs en meublé qui exercent l'activité de location longue durée (Location de la résidence principale du locataire, y compris les locations meublées pour les étudiants), dès lors que l'exploitation génère plus de 23.000 € de recettes par année civile ET que le propriétaire ou un membre de son foyer fiscal est inscrit au RCS en qualité de loueur professionnel.

Il n'est plus question de distinction entre LMNP et LMP.
Le loueur en meublé en location court durée, qu'il soit professionnel ou non professionnel, devra payer des cotisations sociales à l'URSSAF dès lors que cette exploitation génère plus de 23.000 € de recettes par année civile.

- **Sauf, si**, depuis la réponse ministérielle **PELLOIS**, lorsque la **location saisonnière** est réalisée par l'intermédiaire d'une **agence immobilière** disposant de la carte G, l'affiliation au SSI n'est plus exigée, et est remplacée par les **prélèvements sociaux**.
- Ils sont considérés comme gestionnaire de leur patrimoine privé et doivent s'acquitter des prélèvements sociaux au taux de 17.20%.

Á noter :

- Les loueurs en location saisonnière ou courte durée doivent cotiser au SSI, mais ils peuvent également opter pour une cotisation au régime général de la SS des salariés. L'option pour le régime général est réservée au loueur dont les recettes sont inférieures à 82.000 € par année civile. Les cotisations à l'URSSAF ou au régime général sont calculées en pourcentage du bénéfice réalisé, après déduction des charges et autres amortissements.
- Les loueurs en location saisonnière peuvent opter pour le régime social des micro-entrepreneurs. Cette option est réservée au loueur en meublé dont les recettes sont inférieures à 70.000 €. Le montant des cotisations SSI est calculé sur 6% du CA.

Les loueurs en meublés Professionnels sont ceux qui exercent l'activité de location longue durée avec **plus de 23.000 € de recettes par année civile** ET que le propriétaire ou un membre de son foyer fiscal est inscrit au RCS en qualité de LMP :

- Ils sont obligatoirement affiliés au SSI pour la location d'un logement dans lequel le locataire y affectera son domicile. C'est la location longue durée.

Dans les faits, nous avons à nouveau une déconnexion avec le régime fiscal de la location meublée et la distinction entre location meublée professionnelle et non professionnelle.

- Depuis 2018, le Conseil Constitutionnel considère, pour apprécier la différence entre LMP et LMNP, que l'inscription au RCS ne peut être une condition exigible.
- L'activité de location meublée n'étant pas considérée comme l'exercice d'un acte de commerce, l'inscription au RCS est aléatoire et laissée au bon vouloir du greffe du tribunal de commerce créant une source d'iniquité entre les contribuables.
- Depuis cette date, **les loueurs en meublés professionnels** (LMP) sont ceux qui louent des logements en meublés qui génèrent **plus de 23.000 € de recettes** et pour qui ces recettes sont **supérieures aux revenus professionnels imposables**.

Cet arrêt du Conseil Constitut. est alors source d'incertitudes pour le loueur en meublé :

- **Première hypothèse** : Le loueur en meublé non professionnel devenu automatiquement professionnel du simple fait de la suppression de la condition d'inscription au RCS doit il également considérer être affilié à la sécurité sociale des indépendants.
    - Le LMNP devenu automatiquement professionnel du simple fait de la suppression de la condition d'inscription au RCS doit il également considérer être affilié à la sécurité sociale des indépendants. Si la condition est considérée comme inconstitutionnelle pour le code général des impôts, ne doit elle pas l'être également pour le code de la sécurité sociale qui y fait directement référence.
    - Dans une telle hypothèse, tous les loueurs en meublés, professionnels ou non professionnels, dont les recettes excèderaient 23.000 €, deviendraient automatiquement affiliés à la sécurité sociale des indépendants et devraient payer les cotisations sociales y afférents.
    - Les conséquences sont importantes et l'hypothèse en devient peu crédible.
- **Seconde Hypothèse** : Selon qu'il est inscrit ou non au RCS, le loueur en meublé devra payer des cotisations sociales ou des prélèvements sociaux :
    - Le LMP, (les recettes d'exploitation en meublée sont supérieures à 23.000 € et lorsque celles-ci sont supérieures aux revenus professionnels de l'exploitant), pourrait être affilié au SSI selon qu'il est inscrit au RCS ou non.

Ainsi :

- Le **LMP inscrit au RCS** serait **toujours affilié au SSI**.
- Le LMP non inscrit au RCS serait redevable des PS et ne serait pas affilié au SSI.
- Le LMNP inscrit au RCS mais donc les recettes ne seraient pas supérieures à ces autres revenus professionnels serait automatiquement affilié au SSI dès lors que les recettes d'exploitation sont supérieures à 23.000 €.

RÉDUCTION D'IMPÔT POUR RÉNOVATION DE RÉSIDENCES DE TOURISME

Objectif :

- Mise en place d'une **réduction d'impôt** pour la réhabilitation de logements dans des résidences de tourisme, sous réserve d'un **engagement de location d'au moins 5 ans**.
- Rénovations réalisées **du 01/01/2017 au 31/12/17** pour des logements :
  - **Achevés depuis au moins 15 ans** à la date d'adoption des travaux par l'AG des copropriétaires.
  - Destinés à la location.
  - Faisant partie d'une **résidence de tourisme classée**, ou, à défaut, appartenant à la copropriété de la résidence de tourisme classée, s'ils font l'objet d'un classement comme meublés de tourisme.

Á noter :

- Le contribuable doit présenter une attestation du syndic détaillant la nature des travaux, le lieu, nom de l'entreprise de travaux, DAT et de paiement par le syndic, avec détail de sa quote-part du coût des travaux et de son paiement au syndic.

Bénéficiaires :

- **Personnes physiques** effectuant l'opération en **pleine propriété ou en indivision**.
- Le démembrement est impossible (sauf démembrement en cas du décès du conjoint).

Travaux concernés :

- Être réalisés par une seule entreprise et **adoptés en AG des copropriétaires entre le 01/01/2017 et le 31/12/2019** et portant sur l'ensemble de la copropriété.
- Être achevés au plus tard le 31/12 de la 2ème année suivant celle de l'AG.
- Appartenir à l'une des **3 catégories de travaux** :
  - Dépense d'acquisition et de pose : (Mêmes caractéristiques que pour le CITÉ).
    - De matériaux d'isolation thermique des parois vitrées ou volets isolants.
    - De matériaux d'isolation thermique des parois opaques.
    - D'équipements de chauffage ou de fourniture d'au chaude sanitaire utilisant une source d'énergie renouvelable.
  - Dépenses visant à faciliter l'accueil des personnes handicapées.
  - Dépenses de ravalement.

Taux et montants de la réduction d'impôt :

- **20 %** du montant des dépenses éligibles, dans la limite de **22.000 € de dépenses par logement**.
- Montant de la **réduction d'impôt maxi** par logement sur 3 ans : **4.400 €.**
- Période **du 1er Janvier 2017 au 31 Décembre 2019**.
- La réduction d'impôt s'impute sur l'impôt dû au titre de l'année du paiement définitif de la facture (et non pas ses acomptes) par le syndic.

Engagement de location :

- Le propriétaire doit **s'engager pendant 5 ans**, à compter de la date d'achèvement des travaux (DAT), à louer son logement soit :
  - Á l'exploitant de la résidence de tourisme classée.
  - Á des personnes physiques pendant **au moins 12 semaines/an**, si le logement est classé en meublé de tourisme.
- L'affectation à la **location** doit intervenir **dans un délai de 2 mois**, après la DAT.
- Durant la période d'engagement des 5 ans, le logement peut être loué successivement à l'exploitant de la résidence de tourisme, ou en direct à des personnes physiques en meublé de tourisme, sans remise en cause de la réduction d'impôt, si le changement d'affectation à la location intervient de nouveau dans les 2 mois.

Á noter :

- La location à l'exploitant de la résidence peut se faire nue, charge à ce dernier de meubler le logement, puisque cette réduction d'impôt de réhabilitation de locaux entre dans les dispositifs : Censi-Bouvard et Demessine (qui était une location nue, donc revenus fonciers et l'exploitant le meublait).
- La réduction d'impôt s'applique aux loueurs en meublé non professionnel, aux loueurs en meublé professionnel et aux revenus fonciers (si l'exploitant meuble l'appartement).

TABLEAUX DE SYNTHÈSE

Schéma de l'IR

Traitements Salaires	Pensions et Retraites	Bénéfices Indust.-Com	Bénéfices Non Commer.	Bénéfices Agricoles	Revenus Fonciers	Rentes viagères	Revenus de Capitaux Mob.	Plus Values Mob.	Plus Values Immo.
TS	**PR**	**BIC**	**BNC**	**BA**	**RF**	**RV**	**RCM**	**PVM**	**PVI**

PFU : 12,8 % IR
17,2 % PS

OU Option IR/TMI

Impôt Fixe **19 %** (PVI)

= REVENU BRUT GLOBAL

MOINS :

CHARGES DÉDUCTIBLES :

- Déficits fonciers.
- Prestations compensatoires.
- Pensions alimentaires.
- PERP – PERCO.
- CSG : 6,8 % des revenus entrant dans le RBG.
- Déficits professionnels (BIC – BNC – BA).
- Frais d'accueil des personnes âgées de + de 75 ans.
- Déficits globaux des années antérieures.

Égal =

= REVENU NET GLOBAL

MOINS :

- Rattachement enfants mariés
- Personnes âgées de + de 65 ans

Égal =

= REVENU NET GLOBAL IMPOSABLE (RNGI)

- Nombre de parts.
- Barème de l'impôt.
- Quotient familial : RNGI / nb de parts = revenu pour une part.
- Plafonnement du quotient familial. - **Décote si impôt brut** < à 1.595/ 2.627 €.

= DROITS SIMPLES ou IMPÔT BRUT

RÉDUCTIONS D'IMPÔT et CRÉDIT D'IMPÔT

- Dons et subventions. - . Cotisations syndicales.
- Frais de dépendance des personnes âgées.
- Garde d'un enfant de moins de 6 ans.
- Emploi d'un salarié à domicile. RI ou CI.
- Frais de scolarisation d'enfant à charge.
- Crédit d'impôt pour l'habitation principale.
- Souscription au capital d'une PME.
- RI PINEL – Denormandie - Duflot – Scellier.
- RI LMNP Censi-Bouvard.
- Prestations Compensatoires.
- CITÉ.
- RI Malraux.
- Contrat de rente-survie et d'épargne handicap.
- Investissement locatif en ZRR. – Secteur Forestier
- Investissement dans les DOM – TOM. – SOFICA.
- Emprunt contracté pour la reprise d'une PME.
- Parts de FCPI et ou de FIP. – Mécénat d'entreprises.

IMPÔT NET plus : PRÉLÈVEMENTS SOCIAUX

= IMPÔT EXIGIBLE

MODE DE DÉTERMINATION DU RÉSULTAT

BIC	BNC	BA
MICRO BIC **Négoce – alimentaire :** **CA < 170.000 €** Prestations de services : CA <**70.000 €**	**MICRO BNC** **Activité de prestations de services :** **CA < 70.000 €**	**MICRO BA** **Moyenne des recettes triennales :** **CA < 82.800 €**
Réel simplifié : CA < 789.000 € ou 238.000 €. **ou Réel normal :** si CA > 869.000 € ou > 269.000 € ou sur option.	**Déclaration contrôlée** 2035	**Réel simplifié** **CA < 352.000 €** ou normal si CA > ou sur option.

LE RÉGIME DU MICRO :

ACTIVITÉ	CA MAXI	ABATTEMENT	BÉNÉFICE
BIC : Négoce – alimentaire :	**170.000 €**	**71 %**	**29 %**
BIC : Prestations de services :	**70.000 €**	**50 %**	**50 %**
BNC : Prestations de services :	**70.000 €**	**34 %**	**66 %**
BA	**82.800 €**	**87 %**	**13 %**

QUOTIENT FAMILIAL

Le quotient familial représente le revenu imposable pour une part au 31 Décembre. Il consiste à diviser le revenu net global imposable (RNGI) en un certain nombre de parts composant le foyer fiscal du contribuable.

Calcul : $\frac{\textbf{RNGI}}{\textbf{Nb de parts}}$ **= Revenu pour une part = Quotient Familial.**

Le quotient familial permet d'atténuer la progressivité du barème de l'impôt. Toutefois, ses effets sont plafonnés.

<table>
<tr><th>Situation du contribuable</th><th>Nombre de parts</th></tr>
<tr><td>1er enfant des couples mariés ou PACS - des concubins - des Veufs :
2ème enfant de tout contribuable :</td><td>0,5</td></tr>
<tr><td>Célibataire – Veuf – Divorcé – sans charges de famille :</td><td rowspan="4">1</td></tr>
<tr><td>Tout contribuable :</td></tr>
<tr><td>Chaque enfant à partir du 3ème :</td></tr>
<tr><td>1er enfant d'une personne vivant réellement seule (non veufs et concubins)</td></tr>
<tr><td>Célibataire – Veuf – Divorcé – vivant seul et ayant élevé au moins 5 ans <u>seul</u> un ou plusieurs enfants aujourd'hui majeurs et détachés du foyer fiscal :</td><td rowspan="2">1,5</td></tr>
<tr><td>Sous conditions, tout contribuable :
• Invalide :
• Ancien combattant de plus de 75 ans ou sa veuve (de + de 75 ans) :</td></tr>
<tr><td>Veuf (ou veuve) de coupe ou PACSÉ avec enfant(s) à charge (issus du couple ou non) : idem un couple marié ou PACS :</td><td>2</td></tr>
</table>

Á noter :

- Les personnes infirmes titulaires de la carte d'invalidité prévue à l'article 173 du Code de la famille et de l'aide sociale ont toutes droit à une demi-part supplémentaire, quel que soit leur situation familiale et fiscale.
- En revanche, la demi-part supplémentaire liée au titulaire de la carte d'ancien combattant ou d'une pension d'invalidité ou de victime de guerre ou du conjoint de plus de 75 ans, n'est pas cumulable avec la demi-part supplémentaire pour avoir élevé des enfants.
- En cas de résidence alternée, les enfants mineurs sont réputés être à la charge égale des 2 parents. Leur demi-part (ou part) est donc limitée à la moitié, soit 0,25 pour les deux premiers et 0,5 à partir du 3ème enfant.
- Pour le nombre de parts, la date à retenir est le 01/01/ N (Déclaration en N+1). Mais si augmentation du nombre d'enfants en cours d'année, il faut prendre au 31/12/N.

BARÈME DE L'IMPÔT SUR LES REVENUS DE 2018

Revalorisation du barème progressif pour 2018 de 1,60 %.
Suppression de la première tranche d'imposition, à 5,5 % depuis les revenus de 2014.

BARÈME DE L'IMPÔT SUR LES REVENUS DE 2018	
QUOTIENT FAMILIAL = REVENU POUR UNE PART	**IMPÔT BRUT :**
Jusqu'à 9.964 €	**0 €**
De 9.965 € à 27.519 €	**(RNGI x 14 %) - (1.395 € x N)**
De 27.520 € à 73.779 €	**(RNGI x 30 %) - (5.798 € x N)**
De 73.780 € à 156.244 €	**(RNGI x 41 %) - (13.914 € x N)**
Supérieur à 156.244 €	**(RNGI x 45 %) - (19.163 € x N)**

DÉCOTE :

Droit à la décote si **l'IR est < à 1.595 €** pour une personne seule **ou 2.627 €** pour un couple marié ou pacsé.
Pour les revenus de 2018, diminution de l'impôt par la différence entre :

- **1.196 €** et les **3/4** de l'IR pour les personnes seules (Célibataires - Veufs - Divorcés)
- **1.970 €** et les **3/4 de cet impôt brut** pour les couples mariés ou pacsés.

Exemples :

- Impôt sur les revenus de 2018 pour une **personne seule** : 1.000 €.
  - Décote : 1.196 € - (1.000 € x 3/4) = 446 €.
  - Impôt après décote : 1.000 € - 446 € = 554 €. (Ou : 0,75 x 1.000 € - 1.196 €).

- Impôt sur les revenus de 2018 pour un **couple avec 3 enfants** : 2.000 €.
  - Décote : 1.970 € - (2.000 € x 3/4) = 470 €.
  - Impôt après décote : 2.000 € - 470 € = 1.530 €. (Ou : 0,75 x 2.000 € - 1.970 €).

Limite d'application de la décote pour 2018 :

- Impôt brut < à 1.595 € pour une personne seule - Et Impôt brut < à 2.627 € pour les couples et PACS.

LA DÉCLARATION AU RÉEL : LA 2044

Loyers effectivement encaissés par le propriétaire	
+ Les subventions de l'ANAH ou de l'ANAHAR	
= **REVENU FONCIER BRUT**	
- Un abattement spécifique : Besson ancien ou Robien-ZRR : 26 % Borloo neuf ou ancien : 30 % Scellier Intermédiaire : 30 % Borloo social : 60 % Cosse ancien : De 15 à 85 %	
- Frais de procédure en cas de procès, frais de rémunération, commissions, secrétariat et honoraires réalisés dans le cadre de la gestion des immeubles.	
- Frais divers de gestion (agence, syndic, concierge,...).	
-Travaux d'entretien, de réparation et d'amélioration.	
- Autres frais de gestion (Correspondances ou téléphone) sur un forfait de 20 € par bien loué.	
-Taxes foncières et annexes.	
- Prime d'assurance pour risque de loyers impayés.	
- Prime d'assurance dommage, biens bâtis ou non.	
- L'amortissement Borloo, Robien, Besson ou Périssol.	
- Les intérêts d'emprunt et leurs frais annexes (A.D.I, ...)	
= **Total charges :**	
REVENU FONCIER NET = RFB – Charges =	

CALCUL SIMPLIFIÉ DE LA PLUS-VALUE IMMOBILIÈRE

Prix de vente	
Moins	
Prix d'achat plus frais à 7,5 % ou frais réels (obligatoires si SCI/SCPI ou Succession/donation)	
=	
S/T de Plus-value Immobilière	

Bien détenu depuis :

MOINS DE 5 ANS	
S/T de PVI	
Moins	
Travaux Réels	
=	
PVI taxable	
Impôt = PVI x 19 % + les Prélèvements Sociaux à 17,2 %	

PLUS DE 5 ANS	
S/T de PVI	
Moins	
Travaux (réels ou 15 % du PA)	
=	
S/T de PVI.	
Moins	
Abattement de : **Pour l'impôt à taux fixe :** 6 %/an de la 6ème année à la 21ème année. 4 % la 22ème année. Exonération totale au-delà de 22 ans.	**Prélèvements Sociaux** 1,65 %/an de la 6ème à la 21ème année. 1,60 % la 22ème année. 9%/an de la 23ème à la 30ème année. exonération > 30 ans.
PVI taxable à 19 %	**PVI taux à 17,2 %**
Taxe sur les PVI sup. à 50.000 €	

Montant de la plus-value imposable :	**Taux de la taxe :** (PV = Plus-value)
De 50.001 à 60.000 € :	2 % PV - (60.000 € - PV) x 1/20
De 60.001 € à 100.000 € :	2 %
De 100.001 € à 110.000 € :	3 % PV - (110.000 € - PV) x 1/10
De 110.001 € à 150.000 € :	3 %
De 150.001 € à 160.000 € :	4 % PV - (160.000 € - PV) x 15/100
De 160.001 € à 200.000 € :	4 %
De 200.001 € à 210.000 € :	5 % PV - (210.000 € - PV) x 20/100
De 210.001 € à 250.000 € :	5 %
De 250.001 € à 260.000 € :	6 % PV - (260.000 € - PV) x 25/100
Supérieur à 260.000 € :	6 %

LA LOI ROBIEN

Loi urbanisme et Habitat du 02 juillet 2003, modifiée par la Loi portant engagement national pour le logement (J.O. du 16 Juillet 2006).

3 innovations principales par rapport au BESSON neuf :

- Plafonds de loyers sur 3 zones.
- Suppression du plafond des ressources pour le régime de l'amortissement.
- Bénéfice de l'amortissement à l'ancien réhabilité.

3 approches :

- Le Robien - Logement dit « Classique » jusqu'au 31.08.2006.
- Le Robien - nouveau (9 ans) dit « Recentré » à compter du 1er Septembre 2006.
- L'ancien (6 ans). Dit « Besson Ancien » est supprimé à compter du 01/10/06.

Plafonds de loyers sur 3 zones (décret 2003-1219 du 19/12/03) :

- **Zone A** : IDF, Côte d'Azur, Pays genevois.
- **Zone B** : Agglomérations de + de 50.000 habitants et agglomérations chères à la marge de l'IDF ou dans les zones littorales et frontalières.
- **Zone C** : Reste du territoire. (Supprimée à compter du 04/05/09).

Pour 2019 :

Logement	**Robien – Logement (dit « Classique » ou « Réhabilité »)**	**Besson Ancien**
Abattement 2019	**0 %**	**26 %**
Zone A	**23,59 €**	**18,86 €**
Zone B	**16,40 €**	**12,33 €**
Zone C	**11,82 €**	**8,94 €**

ROBIEN-CLASSIQUE :
LE RÉGIME DE L'AMORTISSEMENT POUR LES INVESTISSEMENTS RÉALISÉS JUSQU'AU 31/08/06

Logements bénéficiant du régime de l'amortissement :

- Logements situés en France, acquis neufs ou en l'état futur d'achèvement à compter du 1er janvier 2003 au 31 Août 2006.
- Logements en construction avec déclaration d'ouverture de chantier à compter du 1er janvier 2003 au 31 Août 2006.
- Locaux affectés à un usage autre que l'habitation, acquis à compter du 1er janvier 2003 au 31 Août 2006, pour être transformé en logement. (= immeuble neuf).
- Logements anciens acquis à compter du 1er janvier 2003 au 31 Août 2006 ne satisfaisant pas aux caractéristiques de décence (art. 6 Loi 89-462 du 06/07/89), pour y effectuer des travaux de réhabilitation avec des performances proches de celles d'un logement neuf.
- Pour rappel, l'acquisition en démembrement de propriété reste impossible.
- Les logements réhabilités acquis à compter du 1er janvier 2003 au 31 Août 2006 bénéficient du régime de l'amortissement si l'opération entre dans le champ d'application de la T.V.A. (= immeuble neuf).

L'amortissement :

Investissements réalisés du 1er Janvier 2003 au 31 Août 2006	
8 % pendant 5ans	**= 40 %**
2,5 % pendant 4 ans	**= 10 %**
Soit sur 9ans	**= 50 %**
Possibilité de bénéficier de l'**amortissement à 2,5 %** pendant 2 périodes triennales. **Soit sur 12 ans : 57,5 % et sur 15 ans : 65 %.**	

Plafonds de loyers :

- Le loyer mensuel au m2, charges non comprises, ne doit pas dépasser un plafond fixé selon la situation géographique du bien, en fonction des 3 zones fixée par décret, pour tout investissement réalisé jusqu'au 31 Août 2006 :

Investissement ROBIEN dit Classique réalisé jusqu'au 31 Août 2006 :			
Plafonds des loyers (en €/mois/m2) pour les baux conclus <u>en 2019</u> :			
ZONES :	**A**	**B**	**C**
Prix Plafonds :	**23,59 €**	**16,40 €**	**11,82 €**

ROBIEN-RECENTRÉ :
LE RÉGIME DE L'AMORTISSEMENT POUR LES INVESTISSEMENTS RÉALISÉS DU 1er SEPTEMBRE 2006 AU 31 DÉCEMBRE 2009

Logements bénéficiant du régime de l'amortissement :

- Logements situés en France, acquis neufs ou en l'état futur d'achèvement à compter du 1er Septembre 2006.
- Logements en construction avec déclaration d'ouverture de chantier à compter du 1er Septembre 2006.
- Locaux affectés à un usage autre que l'habitation, acquis à compter du 1er janvier 2003 au 31 Août 2006, pour être transformé en logement. (= immeuble neuf).
- Logements anciens acquis à compter du 1er Septembre 2006 ne satisfaisant pas aux caractéristiques de décence (art. 6 Loi 89-462 du 06/07/89), pour y effectuer des travaux de réhabilitation avec des performances proches de celles d'un logement neuf.
- Les logements réhabilités acquis à compter du 1er Septembre 2006 bénéficient du régime de l'amortissement si l'opération entre dans le champ d'application de la T.V.A. (= immeuble neuf).

L'amortissement :

Investissements réalisés à compter du 1er Septembre 2006 :	
6 % pendant 7 ans	**= 42 %**
4 % pendant 2 ans	**= 8 %**
Soit sur 9ans	**= 50 %**
Suppression de la possibilité de bénéficier de l'amortissement pendant 2 périodes triennales supplémentaires.	

Plafonds de loyers :

- Le loyer mensuel au m2, charges non comprises, ne doit pas dépasser un plafond fixé selon la situation géographique du bien, en fonction des 4 zones fixée par décret à compter de Septembre 2006 et modifié le 29/04/09 qui exclue la zone C pour les investissements réalisés à compter du 04/05/09 (acquisition ou demande de permis de construire).

Investissement ROBIEN-RECENTRÉ réalisé à compter du 1er Septembre 2006 :				
Plafonds des loyers (en €/mois/m2) pour les baux conclus en 2019 :				
ZONES :	**A**	**B1**	**B2**	**C < au 04/05/09**
Prix Plafonds :	**23,59 €**	**16,40 €**	**13,41 €**	**9,82 €**

LA LOI « BORLOO-NEUF » (dit « POPULAIRE ») DU 1er SEPTEMBRE 2006 AU 31 DÉCEMBRE 2009

Dispositif réservé aux propriétaires s'engageant à louer un **logement nu** à usage de **résidence principale** du locataire pendant une durée de **9 ans** et à une personne autre qu'un membre de son foyer fiscal, et **destiné à encourager l'investissement privé dans le logement intermédiaire, dit « populaire ».**
Il est réservé **uniquement** aux **propriétaires ayant opté pour** le « **Robien-Recentré** ».

Logements bénéficiant du régime de l'amortissement :

- Logements situés en France, acquis neufs ou en l'état futur d'achèvement à compter du 1er Septembre 2006.
- Logements en construction avec déclaration d'ouverture de chantier à compter du 1er Septembre 2006.
- Locaux anciens affectés à un usage autre que l'habitation, acquis à compter du 1er Septembre 2006, pour être transformé en logement. (= immeuble neuf).
- Logements anciens acquis à compter du 1er Septembre 2006 ne satisfaisant pas aux caractéristiques de décence (art. 6 Loi 89-462 du 06/07/89), pour y effectuer des travaux de réhabilitation avec des performances proches de celles d'un logement neuf.
- Les logements réhabilités acquis à compter du 1er Septembre 2006, bénéficient du régime de l'amortissement si l'opération entre dans le champ d'application de la T.V.A. (= immeuble neuf).

Abattement :

- L'abattement sur le **Revenu Foncier Brut** (RFB) passera à **30 %**, si l'option pour le régime d'amortissement « Robien-Recentré » a été prise.
- Cet abattement s'applique pendant toute la durée d'engagement de location, soit pendant 9 ans - 12 ans - 15 ans.

Amortissement :

- **Donne droit à un amortissement dégressif déductible :**

Investissements réalisés avec le régime « Borloo-neuf »	
6 % pendant 7 ans	**= 42 %**
4 % pendant 2 ans	**= 8 %**
Soit sur 9ans	**= 50 %**
Possibilité de bénéficier d'un **amortissement à 2,5 %** pendant 2 périodes triennales. **Soit sur 12 ans : 57,5 % et sur 15 ans : 65 %.**	

Conditions de prix plafond au m2 du loyer :

Investissement « BORLOO-Neuf » réalisé à compter du 1er Septembre 2006 :				
Plafonds des loyers (en €/mois/m2) pour les baux conclus en 2019 :				
ZONES :	**A**	**B1**	**B2**	**C < au 04/05/09**
Prix Plafonds :	**18,87 €**	**13,12 €**	**10,73 €**	**7,86 €**

Ressources du locataire pour baux en « Borloo-Neuf » conclus en 2019 :

Baux conclus en 2019 Composition du Foyer du locataire (N-2 = 2017)	**Lieu de location :**			
	Zone A	**Zone B1**	**Zone B2**	**Zone C <04/05/09**
Personne seule	48.409 €	35.959 €	32.962 €	32.739 €
Couple	72.348 €	52.805 €	48.405 €	44.003 €
Avec une personne à charge	86.966 €	63.214 €	57.948 €	52.679 €
Avec 2 personnes à charge	104.171 €	76.503 €	70.130 €	63.754 €
Avec 3 personnes à charge.	123.321 €	89.792 €	82.311 €	74.825 €
Avec 4 personnes à charge	138.767 €	101.286 €	92.847 €	84.405 €
Par personne à charge à partir de la 5ème	+ 15.468 €	+ 11.505 €	+ 10.547 €	+ 9.587 €

Suite à la **Loi portant engagement national pour le logement** (J.O. du 16 Juillet 2006), et **modifiée le 29 Avril 2009**, la France est découpée en 4 zones géographiques :

- **Zone A** : Paris, petite couronne et seconde couronne jusqu'aux limites de l'agglomération parisienne. - Côte d'Azur (bande littorale, Hyères-Menton). - Pays genevois.
- **Zone B1** : Agglomérations de + de 250.000 habitants. - Grande couronne autour de Paris. - 6 agglomérations jugées chères (Annecy - Bayonne - Chambéry - Cluses - La Rochelle - Saint Malo) - Pourtour de la Côte d'Azur - Départements d'Outre-Mer. - Corse et Îles.
- **Zone B2** : Reste de la zone B : Agglomération comprises entre 50.000 et 250.000 habitants. - Autres zones frontalières ou littorales chères. - Troisième couronne Parisienne.
- **Zone C** : Reste du territoire, pour les investissements dont la demande de permis de construire est antérieure au 04 Mai 2009.

Á noter :

- Á compter du **04 Mai 2009**, pour les acquisitions ou demandes de permis de construire, le bénéfice du régime d'amortissement Robien et Borloo est désormais réservé aux logements situés dans les zones A, B1 et B2, à **l'exclusion de la zone C**.

TABLEAU DE SYNTHÈSE DES LOYERS ROBIEN-BORLOO

PLAFONDS POUR 2019 DE LOYER MENSUEL AU M2 HORS CHARGES		
ROBIEN dit CLASSIQUE	**ROBIEN dit RECENTRÉ**	**BORLOO NEUF**
Zone A : 23,59 €	**Zone A : 23,59 €**	**Zone A : 18,87 €**
• Paris et son agglomération. • Côte d'Azur. • Agglomération Genevoise côté française.	• Paris, petite et 2e couronnes jusqu'aux limites de l'agglomération parisienne. • Côte d'Azur (bande littorale Hyères Menton). • Agglomération genevoise côté français.	• Paris, petit et 2e couronnes jusqu'aux limites de l'agglomération parisienne. • Côte d'Azur (bande littorale Hyères Menton). • Agglomération genevoise côté français.
Zone B : 16,40 €	**Zone B1 : 16,40 €**	**Zone B1 : 13,12 €**
• Agglomérations de + de 50.000 hab. ou situées aux franges de l'agglomération parisienne ou en zone littorale ou frontalière. • Pourtour de la Côte d'Azur.	• Agglomérations de + de 250.000 hab. • Grande couronne autour de Paris. • Annecy, Bayonne, Chambéry, Cluses, La Rochelle, St Malo. • Pourtour de la Côte d'Azur, DOM, Corse et Iles.	• Agglomérations de + de 250.000 hab. • Grande couronne autour de Paris. • Annecy, Bayonne, Chambéry, Cluses, La Rochelle, St Malo. • Pourtour de la Côte d'Azur, DOM, Corse et Iles.
NÉANT	**Zone B2 : 13,41 €**	**Zone B2 : 10,73 €**
NÉANT	• Reste de la zone B : autres agglomérations de + de 50.000 hab. • Autres zones frontalières ou littorales chères. • Limites de l'IDF.	• Reste de la zone B : autres agglomérations de + de 50.000 hab. • Autres zones frontalières ou littorales chères. • Limites de l'IDF
Zone C : 11,82 €	**Zone C : 9,82 €**	**Zone : 7,86 €**
• **Reste du territoire** < 04/05/09.	• Reste du territoire. < au 04/05/09.	• Reste du territoire. < au 04/05/09.

Á noter :

- Á compter du **04 Mai 2009**, pour les acquisitions ou demandes de permis de construire, le bénéfice du régime d'amortissement Robien et Borloo est désormais réservé aux logements situés dans les zones A, B1 et B2, à **l'exclusion de la zone C**.

TABLEAU DE SYNTHÈSE DES AVANTAGES ROBIEN-BORLOO

	ROBIEN dit CLASSIQUE	ROBIEN dit RECENTRÉ	BORLOO dit POPULAIRE
Date d'application :	Acquisition du 01/01/03 au 31/08/06	Acquisition du 1er Septembre 2006 au 31 Décembre 2009	
Amortissement annuel :	65 % pendant 5 ans 2,5 % sur 4 ans **Prorogation possible :** 2,5 % par an pendant 6 ans (2 x 3 ans). Supprimée pour les dépenses de reconstruction et d'agrandissement dès les revenus de 2006.	6 % sur 7 ans 4 % sur 2 ans **Pas de prorogation** possible au-delà des 9 ans.	6 % pendant 7 ans 4 % pendant 2 ans **Prorogation possible :** 2,5 % par an pendant 6 ans (2 x 3 ans).
Engagement de location :	9 ans + 2 x 3 ans supplémentaires.	9 ans.	9 ans + 2 x 3 ans supplémentaires.
Déduction forfaitaire :	NÉANT.	NÉANT.	30 %.
Ressources du locataire :	NON.	NON.	OUI.
Plafond de loyer :	OUI : 90 % des prix du marché libre.	OUI : 90 % des prix du libre.	OUI : 72 % du libre = 4/5°du Robien Recentré
Location familiale :	**Possible**, à un ascendant ou descendant ne faisant pas partie du foyer fiscal.	**Possible**, à un ascendant ou descendant ne faisant pas partie du foyer fiscal.	**Impossible** aux ascendants ou descendants. Au bout de 3 ans, possibilité de suspendre pendant 9 ans maxi pour louer le bien à un ascendant ou descendant.
Amortissement des dépenses d'amélioration :	10 % du montant de la dépense pendant 10 ans.	10 % du montant de la dépense pendant 10 ans.	-
% maximal de déduction des amortissements :	50 % - 57,5 % - 65 %	50 %	50 % - 57,5 % - 65 %

LOGEMENTS CONVENTIONNÉS : « BORLOO-ANCIEN »

Remplacé par le dispositif « Cosse-Ancien » pour toute convention ANAH signée à compter du 1er février 2017, ou à la fin d'une prorogation triennale ayant débutée avant le 1er janvier 2017.

- Taux de la déduction : 30 % si secteur intermédiaire – 60 %, si secteur social.

Conditions de prix plafond au m2 du loyer Pour 2019 :

ZONES	BORLOO « ANCIEN » <2015 Déduction de 30 %	ZONES	BORLOO « ANCIEN » ≥ 2015 - Déduction de 30 %
Zone A	18,86 €	Zone A	12,75 € -Zone ABis:17,17 €
Zone B	12,33 €	Zone B	Zone B1 et B2 : 10,28 €
Zone C	8,94 €	Zone C	8,93 €

BORLOO « Ancien Secteur Social » Déduction de 60 %		
ZONES	Conventions signées avant 2012	Conventions signées à partir 2012
Zone A	6,81 €	6,76 €
Zone B1 et B2	6,19 €	6,15 €
Zone C	5,56 €	5,51 €

BORLOO « Ancien Secteur Très Social » Déduction de 60 %		
ZONES	Conventions signées avant 2012	Conventions signées depuis 2012
Zone A	6,44 €	6,40 €
Zone B1 / B2	6,00 €	5,96 €
Zone C	5,36 €	5,32 €

BORLOO « Ancien Secteur Social – Loyers Dérogatoires » Déduction de 60 %		
ZONES	Conventions signées avant 2012	Conventions signées depuis 2012
Zone A	10,19 €	10,11 €
Zone B1 et B2	8,41 €	8,36 €
Zone C	6,58 €	6,52 €

BORLOO « Ancien Secteur Très Social – Loyers Dérogatoires » Déduction de 60 %		
ZONES	Conventions signées avant 2012	Conventions signées depuis 2012
Zone A	9,29 €	9,23 €
Zone B1/B2	7,19 €	7,14 €
Zone C	5,93 €	5,89 €

Conditions de ressources du locataire en BORLOO « Ancien »

Pour 2019 : Abattement de 30 %, du « BORLOO – Ancien » - Convention < 2015 :

Baux conclus en 2019 Composition du Foyer du locataire (N-2 = 2017)	Lieu de location :			
	Zone A	Zone B1	Zone B2	Zone C <04/05/09
Personne seule	48.409 €	35.959 €	32.962 €	32.739 €
Couple	72.348 €	52.805 €	48.405 €	44.003 €
Avec une personne à charge	86.966 €	63.214 €	57.948 €	52.679 €
Avec 2 personnes à charge	104.171 €	76.503 €	70.130 €	63.754 €
Avec 3 personnes à charge.	123.321 €	89.792 €	82.311 €	74.825 €
Avec 4 personnes à charge	138.767 €	101.286 €	92.847 €	84.405 €
Par personne à charge au-delà	+ 15.468 €	+ 11.505 €	+ 10.547 €	+ 9.587 €

Pour 2019 : Abattement de 30 %, du « BORLOO – Ancien » - Convention ≥ 2015 :

Foyer fiscal du locataire	Zone A Bis	Zone A	Zone B1	Zones B2 etC
Personne seule	38.236 €	38.236 €	31.165 €	28.049 €
Couple	57.146 €	57.146 €	41.618 €	37.456 €
Avec une personne à charge	74.912 €	68.693 €	50.049 €	45.044 €
Avec 2 personnes à charge	89.439 €	82.282 €	60.420 €	54.379 €
Avec 3 personnes à charge.	106.415 €	97.407 €	71.078 €	63.970 €
Avec 4 personnes à charge	119.745 €	109.613 €	80.103 €	72.093 €
Par personne à partir de la 5ème	+ 13.341 €	+ 12.213 €	+ 8.936 €	+ 8.041 €

Pour 2019 : Pour l'abattement de 60 %, du « BORLOO – Ancien Social » :

Foyer fiscal du locataire	Plafonds en fonction du lieu de location		
	Paris et Communes limitrophes	IDF hors Paris et communes limitrophes	Autres Régions
Personne seule	23.721 €	23.721 €	20.623 €
Couple marié	35.452 €	35.452 €	27.540 €
Couple ou seul et 1 enfant	46.473 €	42.616 €	33.119 €
Couple ou seul et 2 enfants	55.486 €	51.046 €	39.982 €
Couple ou seul et 3 enfants	66.017 €	60.429 €	47.035 €
Couple ou seul et 4 enfants	74.286 €	68.001 €	53.008 €
Majoration au-delà	+ 8.278 €	+ 7.577 €	+ 5.912 €

Pour 2019 : Pour l'abattement de 60 %, du « BORLOO – Ancien Très Social » :

Foyer fiscal du locataire	Plafonds en fonction du lieu de location		
	Paris et Communes limitrophes	Autres IDF	Autres Régions
Personne seule	13.050 €	13.050 €	11.342 €
Couple marié	21.272 €	21.272 €	16.525 €
Couple ou seul et 1 enfant	27.883 €	25.569 €	19.872 €
Couple ou seul et 2 enfants	30.521 €	28.075 €	22.111 €
Couple ou seul et 3 enfants	36.307 €	33.238 €	25.870 €
Couple ou seul et 4 enfants	40.859 €	37.401 €	29.155 €
Majoration au-delà	+ 4.552 €	+ 4.166 €	+ 3.252 €

BESSON ANCIEN (6 ans)
DÉDUCTION FORFAITAIRE MAJORÉE

Ce dispositif cesse de s'appliquer pour les baux conclus à compter du 01/10/06.

Les propriétaires ayant opté pour ce régime entre le 01/01/99 et le 30/09/06, continueront à bénéficier de l'avantage fiscal jusqu'au terme de la période d'engagement, éventuellement prorogée.

Objectifs :

- Ne concerne pas spécialement les acquisitions.
- Si déjà en possession du bien, possibilité d'opter pour le régime du « BESSON ancien » à condition de mettre en place un nouveau bail avec un nouveau locataire.
- Concerne également les immeubles neufs dont les droits sont démembrés à l'acquisition (sauf pour le conjoint survivant titulaire de l'usufruit, qui peut, lui, pratiquer le régime de l'amortissement pour le ROBIEN neuf).
- Le logement doit être loué nu pour l'habitation principale du locataire, et ne donne **jamais droit à l'amortissement.**
- Le **seul avantage fiscal** concerne l'**abattement** à un taux majoré de **26 % à compter de 2006.**
- La durée d'engagement de location et de détention du bien ou des parts sociales est de 6ans (date anniversaire), avec la possibilité de **proroger** son engagement par **périodes triennales.**
- La déduction forfaitaire est pratiquée par l'usufruitier, dès lors que le démembrement est antérieur à la conclusion du bail.
- Depuis le 1er Janvier 2002 : Possibilité (après une période de location d'au moins 3 ans à une personne n'appartenant pas au groupe familial du contribuable), de mettre une seule fois, le **logement à la disposition d'un ascendant ou descendant** pendant une durée maximale et continue de **9 ans**, sans remettre en cause le dispositif « BESSON ancien ». Pendant toute la durée de la mise à disposition, le bénéfice de l'avantage fiscal est suspendu, et le décompte de la durée de l'engagement de location est neutralisé. Si le logement est loué aux membres de la famille, l'abattement sera supprimé. En dehors de cette mesure, on ne peut louer l'immeuble à un membre du foyer fiscal, ni même à un ascendant ou descendant.

Conditions de ressources du locataire en « BESSON-Ancien » :
Pour 2019 : Pour l'abattement de 26 %, ainsi que pour le « BESSON-NEUF » :

Foyer fiscal du locataire	Lieu de Location		
	Zone A	Zone B1 / B2	Zone C
Personne seule	48.409 €	37.414 €	32.739 €
Couple marié	72.348 €	49.961 €	44.003 €
Couple ou seul et 1 enfant	86.966 €	60.080 €	52.679 €
Couple ou seul et 2 enfants	104.171 €	72.527 €	63.754 €
Couple ou seul et 3 enfants	123.321 €	85.317 €	74.825 €
Couple ou seul et 4 enfants	138.767 €	96.151 €	84.405 €
Majoration au-delà	+ 15.468 €	+ 10.723 €	+ 9.587 €

Conditions de prix plafond au m2 du loyer pour 2019 en Régimes BESSON :

ZONES	« BESSON-ANCIEN »
Zone A	18,86 €
Zone B	12,33 €
Zone C	8,94 €

ZONES	« BESSON-NEUF »
Zone A (1Bis)	16,90 €
Zone B 1	14,96 €
Zone B 2	11,55 €
Zone C (3)	10,91 €

TABLEAU DE SYNTHÈSE DES LOCATIONS AUX ASCENDANTS ET DESCENDANTS

Logement loué sous le régime « Besson » :	Suspension de Besson pour mettre le logement à la disposition d'un ascendant ou descendant qu'il soit membre ou non du foyer fiscal	Possibilité de louer à un ascendant ou descendant, autre qu'un membre du foyer fiscal
Besson « neuf »		
- avant le 09/10/02 :	OUI	NON
- à compter du 09/10/02 :	NON	OUI
Besson « ancien »	OUI	NON

Fin des dispositifs Besson ancien et Borloo ancien :

- **Borloo ancien :**
  - Comme pour le Besson Ancien, Au terme de la dernière période triennale ayant débuté avant le 1er janvier 2017.
  - Ce dispositif peut continuer pour la période initiale, pour les conventions conclues à compter de Janvier 2017, si la demande de conventionnement a été réceptionnée par l'ANAH au plus tard le 31 Janvier 2017.

LOI COSSE ANCIEN – « LOUER ABORDABLE »

La Loi COSSE supprime et remplace les lois BORLOO Ancien et BESSON Ancien.

- Convention conclue avec l'ANAH entre le 01/01/2017 et le 31/12/2019, bénéficient d'une déduction spécifique de 15 à 85 % de leurs revenus fonciers bruts, selon que le bien sera loué en secteur intermédiaire, social ou très social.

Bénéficiaires :

- Propriétaires personnes physiques ou associés à l'IR (SCI – SCPI) à titre privé.

Biens concernés :

- Logements neufs ou anciens, à titre de RP du locataire, ne faisant pas partie du foyer fiscal du propriétaire ou associé, ni à un ascendant ou descendant, avec engagement de location et détention pendant la durée de la convention ANAH (6 ans ou 9 ans).

Conditions à respecter :

- Loyer et conditions de ressources du locataire à la signature du bail, en fonction du lieu et de la nature de la convention signée avec l'ANAH, avec engagement de durée.

Durée de la convention :

- **6 ans**. - **9 ans** si travaux subventionnées par l'ANAH. – Rnvlt /période triennale.

Abattement sur les revenus fonciers :

ZONES A – ABis – B1 (Zones très tendues) :

- **30 %** : Dans le secteur intermédiaire.
- **70 %** : Secteur social ou très social.

ZONE B2 (Zones tendues) :

- **15 %** : Dans le secteur intermédiaire. (« Cosse intermédiaire »)
- **50 %** : Secteur social ou très social. (« Cosse social » ou « très social »).

ZONE C : **50 %** : Secteur Intermédiaire –Social ou Très social – Si travaux amélioration

- **Quelque soit la ZONE : 85 %** : Secteur intermédiaire – Social ou très social, loués à un organisme public ou privé en vue de l'hébergement des personnes défavorisées.

LOI COSSE ANCIEN – « LOUER ABORDABLE » : 2019						
ZONES	Abtt Loyers intermédiaires	Plafonds Intermédiaires 2019	Loyer social et très social	Plafonds Social 2019	Plafonds Très social 2019	Abtt Personnes défavorisées Intermédia- - tion locative
B- ABis	30 %	A : 12,75 € - ABis : 17,17 €	70 %	A : 9,24 € - ABis :12,01 €	A :7,19 € ABis :9,35 €	85 %
B1		10,28 €		7,96 €	6,20 €	
B2	15 %	8,93 €	50 %	7,64 €	5,93 €	
C	50 % (2019) Si travaux	8,93 €	50 % 2019 Si Travaux	7,09 €	5,51 €	

Plafonds de ressources Cosse ancien :

- **Secteur intermédiaires** (Abtt de 15 % - 30 % - 50 % - 85 %) : Idem PINEL.
- **Secteur social et très social :** (Abtt de 50 % - 70 % - 85 %) : Idem Borloo Ancien.

LOI SCELLIER : RÉDUCTION D'IMPÔT POUR INVESTISSEMENT LOCATIF NEUF

Prorogée pour les logements acquis avant le **31/03/13** si le contribuable peut justifier son engagement de réaliser cet investissement avant le 31/12/2012. (Réservation enregistrée chez un notaire ou au service des impôts < le 31/12/12 et acte passé avant le 31/03/2013, ou permis de construire déposé < le 01/01/13 si construction).

Objectif :

- **Réduction d'impôt** sur la période **2009-2012** pour l'**acquisition** d'un logement **locatif neuf** à titre de résidence principale du locataire, dont le propriétaire s'engage à le louer nu pendant au moins **9 ans**, sous conditions de **loyers plafonnés**.

Logements bénéficiant de la réduction d'impôt :

- Logement acquis neuf ou en l'état futur d'achèvement des travaux entre le 01/01/09 et le 31/12/12. (même si permis de construire antérieur au 01/01/09).
- Logement que l'investisseur fait construire, dont la demande de permis de construire est déposée entre le 01/01/09 et le 31/12/12.
- Acquisition de locaux affectés à un autre usage que l'habitation et que l'investisseur transforme en logements entre le 01/01/09 et le 31/12/12. (acte authentique < 2013)
- Acquisition d'un local inachevé, en vue de l'achèvement par l'acquéreur investisseur.
- Logement ne satisfaisant pas aux caractéristiques de décence, faisant l'objet entre le 01/01/09 et le 31/12/12 de travaux de réhabilitation, définis par décret (Art.6 de la Loi 89-462 du 06/07/89) et destinés à leur conférer des performances techniques proches de celles d'un logement neuf. La **DAT** doit intervenir **avant le 31/12/12**.

Á noter :

- Pour l'acquisition d'un local inachevé (ou transformé à usage d'habitation), la réduction est acquise si la **DAT** intervient au plus tard le **31/12 de la 2ème année** suivant celle de l'acquisition du local destiné à être transformé. (Soit au plus tard au 31/12/2014).

Plafonds des Loyers en Scellier, pour les baux conclus en 2019 :

ZONES	SCELLIER LIBRE Investissement en :		SCELLIER INTERMÉDIAIRE Investissement en :	
	2010	2011 au 31/03/2013	2010	2011 à 03/2013
A Bis	23,59 €	23,45 €	18,87 €	18,76 €
A	23,59 €	17,39 €	18,87 €	13,91 €
B 1	16,40 €	14,03 €	13,12 €	11,22 €
B 2	13,41 €	11,44 €	10,73 €	9,15 €
C	-	7,97 €	-	6,38 €

Montant de l'investissement ouvrant droit à la Réduction d'impôt :

- **Plafond annuel** global d'investissements (Immeubles ou parts) inférieur à **300.000 €.**

Taux de la réduction d'impôt :

Évolution des Taux SCELLIER de 2011 à 2012 :	Logements Non BBC	Logements BBC
Réservation signée et enregistrée chez un notaire ou aux impôts avant le 31/12/2010 et acte signé avant le 31/03/2011 :	15 %	25 %
Acquisition du 01/01/2011 au 31/12/2011 :	13 %	22 %
Réservation signée et enregistrée chez un notaire ou aux impôts avant le 31/12/2011 et acte signé avant le 31/03/2012 :	13 %	22 %
Acquisition à compter du 01/01/2012 si Permis de Construire déposé avant le 31/12/2011 :	6 %	13%
Acquisition à compter du 01/01/2012 si Permis de Construire déposé APRÈS le 31/12/2011 :	Terminé	13 %

TAUX SCELLIER ≤ 2012		
Logements acquis en 2012 (demande de permis de construire déposée au plus tard le 31 décembre 2011)		Logements BBC <u>uniquement</u> acquis ou construits en 2012
Logements BBC	Logements non BBC	
Scellier : 13 % Scellier Intermédiaire : 13 %, 17 % ou 21 %	Scellier : 6 % Scellier Intermédiaire : 6 %, 10 % ou 14 %	Scellier : 13 % Scellier Intermédiaire : 13 %, 17 % ou 21 %

<u>**Pour les investissements à compter de 2012 au 31 Mars 2013**</u>, mise en place d'un double plafonnement :

- Plafond annuel inférieur à 300.000 € (Identique aux années précédentes).
- Un plafond de prix par m2 de surface habitable en fonction de la zone géographique :

ZONES	Prix maxi au m2	ZONES	Prix maxi au m2
Zone A bis :	5.000 €	Zone B2	2.100 €
Zone A	5.000 €	Zone C	2.000 €
Zone B1	4.000 €	-	

Étalement de la réduction d'impôt :

- La réduction d'impôt est étalée en parts égale sur **9 ans**, à raison d'**1/9° par an**.
- Si la **réduction d'impôt**, une année, est **supérieure à l'impôt dû**, le solde peut être **reportable** pendant **6 ans** sur un IR positif (non proportionnel) à venir.

Nombre d'investissements éligibles au dispositif Scellier :

- Le nombre d'investissements ouvrant droit à la réduction d'impôt Scellier est limité à **un logement par an.**
- Selon le Conseil d'État, lorsque le contribuable fait construire son logement, cette limitation s'apprécie à la date d'achèvement du logement et non à la date de dépôt du permis de construire.
- Lorsque l'investissement prend la forme d'une acquisition d'un logement ou d'un local, cette limitation s'apprécie à la date de signature de l'acte authentique d'achat.

Période complémentaire :

- Lorsque le propriétaire opte pour un investissement en Scellier - Intermédiaire, afin notamment de **bénéficier de l'abattement** sur le revenu foncier brut (RFB) **de 30 %**, la période de **réduction d'impôt** peut être **prorogée** à hauteur de **2 périodes triennales.**(Le report de réduction d'impôt non utilisé au-delà des 9 ans s'appliquera).
- Le taux de la **réduction d'impôt supplémentaire** de **1,67 %** du prix de revient du bien/an, pour les acquisitions en **2011**, passe à **1,33 %** pour **2012**.

Conditions de ressources du locataire dans le cadre du « Scellier-Intermédiaire » :

Baux conclus en 2019 Composition du Foyer du locataire (N-2 = 2017)	**Lieu de location :**			
	Zone A	**Zone B1**	**Zone B2**	**Zone C <04/05/09**
Personne seule	48.409 €	35.959 €	32.962 €	32.739 €
Couple	72.348 €	52.805 €	48.405 €	44.003 €
Avec une personne à charge	86.966 €	63.214 €	57.948 €	52.679 €
Avec 2 personnes à charge	104.171 €	76.503 €	70.130 €	63.754 €
Avec 3 personnes à charge.	123.321 €	89.792 €	82.311 €	74.825 €
Avec 4 personnes à charge	138.767 €	101.286 €	92.847 €	84.405 €
Par personne à charge à partir de la 5ème	+ 15.468 €	+ 11.505 €	+ 10.547 €	+ 9.587 €

Á noter :

- Possibilité de le louer à un ascendant ou descendant en « Scellier » à condition de ne pas appartenir au foyer fiscal. Impossible en « Scellier - Social ».
- Les plafonds de ressources de la « nouvelle zone C » (dite Communes agrées), sont identiques à ceux exigés pour le bénéfice du dispositif « Borloo-Neuf ».

Acquisition de parts de « SCPI SCELLIER » :

- Les frais de gestion de la « SCPI SCELLIER » entrent dans la base fiscale.
- **Les taux de la réduction d'impôt** s'appliquent de la même façon que pour l'acquisition hors SCPI.
- **95 % de la souscription servent exclusivement à financer des logements en BBC :**
  - **13 %** pour les souscriptions réalisées en **2012**.
- **95 % de la souscription servent exclusivement à financer des logements non BBC:**
  - **6 %** pour les souscriptions réalisées en **2012**. - Si permis de construire avant le 31/12/2011.
  - **0 %** pour les souscriptions en **2012**, avec permis de construire déposé en 2012.

LOIS PINEL et DUFLOT : RÉDUCTIONS D'IMPÔT POUR INVESTISSEMENT LOCATIF NEUF

Ce dispositif PINEL remplace la Loi DUFLOT à compter du 1er Septembre 2014.
Il en reprend les principales caractéristiques, à l'exception de quelques aménagements :

Objectif :

- **Réduction d'impôt** sur la période **du 01/09/2014 au 31/12/2021** pour l'**acquisition** d'un logement **locatif neuf** à titre de résidence principale du locataire, dont le propriétaire s'engage à le louer nu (**2044 EB**) pour une durée allant de **6 ans-9 ans, à 12 ans**, sous **conditions de ressources** du locataire **et** de **loyers plafonnés.**

Bénéficiaires :

- Personnes fiscalement domiciliées en France.
- Acquisition en direct, en indivision, par une SCI à l'IR, ou par achat de parts de SCPI (sur la base de 100 % au lieu de 95 % en Duflot).
- Le **démembrement de propriété** est **exclu** de la mesure, idem si parts de société.

Taux de la RI applicables aux investissements <u>PINEL</u> réalisés à compter du 01/09/2014 :

- **12 %** (23 % si outre-mer) du prix de revient du logement, **si engagement initial sur 6 ans** (Soit 2 % du PA sur 6 ans, avec une RI maxi/an de 6.000 €).
- **18 %** (29 % si outre-mer) du prix de revient du logement, **si engagement initial sur 9 ans.** (Soit 2 % du PA sur 9 ans, avec une RI maxi/an de 6.000 €).

En cas de prorogation :

- Pour **l'engagement initial sur 6 ans** :
  - **6 %** pour la **première période** triennale. (Soit 2 % par an). Total : 18 %. (nouvelle 2044 EB à remplir).
  - **3%** pour la **seconde période** triennale. (Soit 1 % par an). Total : 21 %.
- Pour **l'engagement initial sur 9 ans** :
  - **3%** pour la **seule et unique période** triennale. (Soit 1 % par an). Total : 21 %.

Pour rappel, taux de la réduction d'impôt <u>DUFLOT</u> applicable aux investissements réalisés en 2014 :

- **18 %** du prix de revient du logement, étalée sur 9 ans. (**29 %** en outre-mer).

Montant de l'investissement ouvrant droit à la Réduction d'impôt DUFLOT - PINEL :
Mise en place d'un **double plafonnement** :

- Plafond annuel inférieur à **300.000 €**, avec **2 logements par an, maxi**, par foyer.
- Un **plafond de prix par m2** de surface habitable en fonction de la zone géographique, fixé **pour 2019 à 5.500 € le m2**.

Étalement de la réduction d'impôt :

- La réduction PINEL est étalée en parts égale sur **9 ans**, à raison d'**1/9° par an**.
- Ou **1/6°par an** en cas d'engagement **PINEL sur 6 ans**.
- 1/9° par an en parts égales sur 9 ans pour la réduction d'impôt DUFLOT.

Elle s'applique pour la 1ère fois au titre de l'année de l'acquisition ou de la DAT. (Si acquisition + travaux : au titre de la DAT).

Plafonds des Loyers en DUFLOT et PINEL, pour les baux conclus en 2019 :

Zones	A Bis	01/10/14	A	01/10/14	B1	B2
pour 2019	17,17 €	14,21 €	12,75 €	11,17 €	10,28 €	8,93 €

Plafonds corrigés en fonction de la surface :

- Aux plafonds indiqués, mise en place d'un **coefficient multiplicateur** de : **0,7 + 19/S.** S étant la surface du logement. Le coefficient ainsi obtenu ne peut excéder 1,2.

Soit les plafonds suivants par zone et par surface habitable pour 2019 :

Zone	20 m2	30 m2	40 m2	50 m2	60 m2	70 m2	80 m2	90 m2
A Bis	412 €	618 €	810 €	927 €	1.051 €	1.166 €	1.291 €	1.406 €
A	306 €	459 €	602 €	688 €	780 €	866 €	959 €	1.044 €
B1	247 €	370 €	485 €	555 €	629 €	698 €	773 €	842 €
B2	214 €	321 €	421 €	482 €	547 €	606 €	672 €	731 €

Ressources du locataire pour les baux DUFLOT et PINEL conclus en 2019 :

Foyer fiscal du locataire	Zone A Bis	Zone A	Zone B1	Zone B2
Personne seule	38.236 €	38.236 €	31.165 €	28.049 €
Couple	57.146 €	57.146 €	41.618 €	37.456 €
Avec une personne à charge	74.912 €	68.693 €	50.049 €	45.044 €
Avec 2 personnes à charge	89.439 €	82.282 €	60.420 €	54.379 €
Avec 3 personnes à charge.	106.415 €	97.407 €	71.078 €	63.970 €
Avec 4 personnes à charge	119.745 €	109.613 €	80.103 €	72.093 €
Par personne à partir de la 5ème	+ 13.341 €	+ 12.213 €	+ 8.936 €	+ 8.041 €

Acquisition de parts de « SCPI DUFLOT » et « SCPI PINEL »:

- La réduction d'impôt est calculée au taux de 18 % sur : DUFLOT : 95 % du montant de la souscription des parts en numéraires, **(100 % en PINEL)**, effectivement versée au 31 Décembre, dans la limite de 300.000 € par année.

40687666R00078

Printed in Poland
by Amazon Fulfillment
Poland Sp. z o.o., Wrocław